German Short Stories For Beginners

German Short Stories For Beginners

Immerse Yourself in the Language and Culture with 20 Engaging Tales

Acquire a Lot

San Rafael, California, USA

Table of Contents

Introduction

Learning a new language can be challenging, especially when it comes to understanding the nuances of the language and the everyday use of vocabulary. However, one of the best ways to improve your language skills is through reading. That's why we have created a book of 20 short stories for beginners, in German. Each story is on an everyday topic, making it fun and engaging for the reader. The chapters have a summary in German and English to navigate any difficulties, vocabulary to help with unfamiliar words, and a quiz to test comprehension at the end of each chapter. The stories are approximately 1000 words long, making them perfect for beginner learners who want to improve their reading comprehension.

Benefits of reading when learning a language

One of the primary advantages of reading stories is that it allows learners to learn new vocabulary in context. Vocabulary is one of the building blocks of language, and learning new words in context can help learners understand how they are used in real-life situations. This can make it easier to remember new words and use them in conversation.

Additionally, reading stories helps improve grammar and sentence structure. By exposing learners to different sentence structures and tenses, they can gain a better understanding of how the language works. They can see how words and phrases fit together to create meaning and develop a sense of the language's rhythm and flow. This, in turn, can help learners develop their own writing and speaking skills.

Finally, reading stories can be an enjoyable way to learn a new language. Many language learners find traditional textbook exercises to be dry and unengaging, making it difficult to stay motivated. However, stories can be interesting and engaging, making the learning process more enjoyable. As learners read and become engrossed in the story, they are also learning new vocabulary and grammar rules without even realizing it.

How to use this book

To use this book, start by reading the summary in English to get an idea of the story. Then, read the story in German, using the vocabulary provided to help you understand any unfamiliar words. After reading the story, take the quiz to test your comprehension. Finally, review the vocabulary again to reinforce your learning. With each story, you will build your language skills and gain confidence in your ability to read and understand German.

In conclusion, learning a new language can be challenging, but with the right tools and resources, it can also be an enjoyable experience. This book of short stories is a great way to improve your German skills, as it provides engaging stories, vocabulary, and quizzes to test your comprehension.

Acquire German with Short Stories

Language learning can be a daunting task for many people. The Natural Approach Method is an approach that has been designed to make language learning more natural and intuitive. Developed by Stephen Krashen and Tracy Terrell in the 1970s, this approach emphasizes the importance of meaningful communication and the acquisition of language through context.

The Natural Approach Method is based on the idea that language learning should be like the way a child learns his/her first language. In other words, it should be a natural and unconscious process that occurs through meaningful communication in context. This method emphasizes the use of natural, authentic materials such as stories, songs, and conversations, as well as the importance of developing communication skills and cultural awareness.

The key principles of the Natural Approach Method are;

1. **Comprehensible Input**: Krashen and Terrell believed that language acquisition occurs when learners are exposed to comprehensible input, which means that learners need to understand the message in order to learn the language. This is achieved by using language that is slightly above the learner's current level of proficiency, but not so difficult that it becomes incomprehensible.

2. **Contextualization**: Contextualization is the process of providing meaning to language through the use of context. This involves using real-life situations and authentic materials to help learners understand the meaning and purpose of language.

3. **Communicative Competence**: Communicative competence refers to the ability to use language for communication purposes. The Natural Approach Method emphasizes the development of communicative competence through meaningful communication in context.

4. **Comfortable Environment**: The Natural Approach Method recognizes that anxiety can be a major barrier to language learning. Therefore, it emphasizes the importance of creating a low-anxiety environment where learners feel comfortable and are not afraid to make mistakes.

This is a student-centered approach that focuses on the needs and interests of learners. It emphasizes the importance of creating a positive learning environment and building a relationship between the teacher and the learner.

It is an effective approach to language learning that emphasizes the importance of meaningful communication and the acquisition of language through context. By using authentic materials and creating a low-anxiety environment, learners are able to acquire language naturally and intuitively, just as they would their first language.

Reading short stories can be a key integral part of the Natural Approach Method for language learning. Short stories are perfect materials because they provide learners with authentic language in context, while also being engaging and enjoyable.

When learners read short stories, they are exposed to different sentence structures, vocabulary, and grammar in a natural and contextualized way. This helps learners to understand and acquire language in a more intuitive way, just like how a child learns their first language. Reading short stories also helps learners to develop their reading comprehension skills, which is an important part of language learning.

Alphabet

The German alphabet consists of 26 letters, just like the English alphabet. However, the pronunciation and spelling of some of the letters are slightly different.

The first thing to note is that the German alphabet includes three umlauted vowels: ä, ö, and ü. These vowels are pronounced with a sound similar to the English vowels in "cat," "bird," and "blue," respectively.

Another important difference is that the German alphabet includes an additional letter, the "ß" (Eszett or sharp S). This letter is used to represent the "ss" sound in German, and it is used only in lowercase. For example, the word "Straße" (meaning "street") is spelled with an Eszett.

The order of the German alphabet is the same as the English alphabet, but some letters have different pronunciations. For example, the letter "v" is pronounced like "f" in German, while the letter "w" is pronounced like "v". The letter "j" is pronounced like "y" in English, and the letter "q" is always followed by a "u" and is pronounced like "kv".

Overall, the German alphabet is relatively straightforward to learn for English speakers. It is important to pay attention to the pronunciation of the umlauted vowels and the unique letter "ß", but once you have these down, you should be well on your way to mastering the German alphabet. See the table below for help with pronunciation and examples.

Letter	Name	Phonetic	Example
A/a	ah	/aː/	Arm
B/b	beh	/beː/	Berg
C/c	ceh/zeh	/t͡seː/	Chor
D/d	deh	/deː/	Dorf
E/e	eh	/eː/	essen
F/f	ef	/ɛf/	Frau
G/g	geh	/geː/	Gras
H/h	hah	/haː/	Haus
I/i	ih	/iː/	Insel
J/j	jot	/jɔt/	Junge
K/k	kah	/kaː/	klein
L/l	el	/ɛl/	lang
M/m	em	/ɛm/	Mann
N/n	en	/ɛn/	nicht
O/o	oh	/oː/	Oma
P/p	peh	/peː/	Pass
Q/q	quh	/kuː/	Quark
R/r	er	/ɛʁ/	Regen
S/s	es	/ɛs/	Sonne
T/t	teh	/teː/	Tier
U/u	uh	/uː/	Uhr
V/v	vau	/faʊ̯/	Vater
W/w	weh	/veː/	Wald
X/x	ix	/ɪks/	Axt
Y/y	ypsilon	/ˈʏpsilɔn/	Yoga
Z/z	zett	/t͡sɛt/	Zelt
Ä		/aeː/	Ärger
Ö		/oeː/	Öl
Ü		/yː/	über
ß		/eszet/	Straße

Ein Picknick im Park

Es ist ein sonniger Tag im Frühling in Berlin. Die Vögel sind zu hören und die Bäume sind voller neuer, grüner Blätter und die ersten Blumen blühen am **Straßenrand**. Menschen aller Altersgruppen sind draußen auf den Straßen, vor den Cafés und in den Parks, um den Tag zu genießen. Lena und Tim, zwei Freunde, die sich aus **Schulzeiten** kennen, beschließen den Tag zusammen in einem der vielen Parks in Berlin zu verbringen. Sie haben sich schon lange nicht mehr gesehen und freuen sich darauf, den Tag gemeinsam bei einem Picknick im Park zu verbringen.

Lena entscheidet sich mit **öffentlichen Verkehrsmitteln** zu fahren, weil es bequem und umweltfreundlich ist. Die U-Bahn ist pünktlich und die Fahrt ist kurz. Als Lena den Park erreicht, sieht sie Tim schon in der Ferne, der mit seinem Fahrrad vor dem Park wartet. Sie begrüßen sich herzlich und Tim schließt sein Fahrrad ab. Sie laufen durch den Park und finden für ihr Picknick einen schönen Platz unter einem großen Baum. Lena hat einen Picknickkorb für sie vorbereitet und Tim hat eine Decke mitgebracht. Sie packen das Essen aus und beginnen zu essen. Lena hat Sandwiches, Obst und Kuchen mitgebracht und Tim hat einen selbstgemachten Eistee dabei.

Da sie sich schon eine Weile nicht gesehen haben, gibt es viel zu erzählen. Lena erzählt Tim von ihrem neuen Job als **Lehrerin** in einer **Grundschule** und wie aufregend es ist, in einer neuen Stadt zu leben. Tim berichtet von seinen **Erfahrungen** im Mathematikstudium und wie viel er von seinen Professoren lernt.

Lena ist neugierig und möchte mehr über Tims Studium erfahren. "Wie gefällt dir eigentlich dein Studium?", fragt Lena.

Tim lächelt und antwortet: "Das Studium ist super. Ich habe viele neue Freunde gefunden und gehe gerne in die Vorlesungen. Die Professoren sind sehr hilfsbereit. An meinen freien Tagen arbeite ich in einem Café in der Universität, um etwas Geld zu verdienen."

Lena hört aufmerksam zu und nickt zustimmend. "Das klingt wirklich toll. Ich bin beeindruckt, dass du dich für das anspruchsvolle Mathematik Studium entschieden hast. Ich bin leider nicht besonders gut in Mathe, deshalb habe ich großen **Respekt** vor Leuten wie dir, die sich für eine Studium in Mathematik entscheiden!"

Tim lächelt bescheiden und sagt: "Ich denke, dass jeder etwas kann, wenn er sich dafür interessiert und sich die Zeit nimmt, es zu lernen." Lena stimmt ihm zu und fügt hinzu: "Und neben dem Studium zu arbeiten ist auch eine gute Idee! Das zeigt, dass du diszipliniert bist und dir deine Zukunft wichtig ist."

Tim nickt und erklärt: "Ja, ich muss ehrlich sein, dass es manchmal schwierig ist, Arbeit und Studium unter einen Hut zu bekommen. Aber es ist eine gute **Möglichkeit**, um etwas Geld zu verdienen und gleichzeitig praktische Erfahrungen zu sammeln."

Lena lächelt und sagt: "Ich bin sicher, dass das Studium das Richtige für dich ist. Du bist klug, ehrgeizig und sehr organisiert."

Nach dem Essen beschließen Lena und Tim, einen Spaziergang durch den Park zu machen. Sie kommen an einem großen Spielplatz vorbei, auf dem Kinder spielen und lachen. Sie bleiben stehen, um den Kindern zuzusehen, wie sie sich auf den Schaukeln und Rutschen amüsieren.

Als sie weitergehen, kommen sie an einem Teich vorbei. Es schwimmen viele Enten und Schwäne auf dem Wasser und die beiden Freunde blieben stehen, um die Tiere zu beobachten. Lena sieht, dass es eine Fütterungsstation gibt und schlägt vor, den Enten und Schwänen etwas von dem **Futter** zu geben. Sie kaufen das Futter an einem Stand in der Nähe und geben es den Tieren. Die Enten und Schwäne kommen zu ihnen und wollen mehr Futter. Lena und Tim haben viel Spaß beim Füttern der Tiere. Tim erinnert sich, dass Lena vor ein paar Monaten einen Hund adoptiert hat:

„Wie geht es deinem Hund Miro?" Lena lächelt und antwortet: „Dem geht es sehr gut. Unser Haus ist nahe am Wald und wir gehen immer mit Miro im Wald spazieren. Dadurch hat er viel Auslauf und Beschäftigung." Lena erzählt Tim von den neuen Tricks, die sie Miro beigebracht hat.

Tim nickt zustimmend und erzählt, dass er auch einen Hund namens Balu hat, der immer voller Energie ist. Die beiden unterhalten sich noch eine Weile über ihre Haustiere und tauschen Geschichten und Erfahrungen aus.

Als sie weitergehen, bemerken sie einen kleinen **Flohmarkt** neben dem Teich, der handgefertigte Kunstwerke verkauft. Sie bewundern die Bilder und Skulpturen, die nebeneinander auf einem kleinen Tisch liegen. Lena zeigt auf eine kleine Vase aus Keramik und ruft begeistert: „Tim, schau mal diese schöne Vase!" Sie geht zur Verkäuferin und fragt nach dem Preis. Die Verkäuferin antwortet: „20 Euro." Lena überlegt kurz und beschließt dann die Vase zu kaufen. Sie gibt der Verkäuferin das Geld und verstaut die Vase in ihrer Tasche.

Tim sieht ein handgefertigtes **Armband** und beschließt es für seine Schwester zu kaufen. Er geht zur Verkäuferin und fragt nach dem Preis. Die Verkäuferin sagt: „15 Euro." Tim schaut in seiner Tasche nach, ob er genug Geld dabei hat. Er findet schließlich genug in seiner Tasche und gibt der Verkäuferin das Geld für das Armband.

Lena und Tim gehen weiter durch den Park spazieren, und hören plötzlich in der Ferne Musik. Sie beschließen, der Musik zu folgen und kommen schließlich an einer kleinen Bühne an, auf der eine Jazz-Band spielt. Lena und Tim setzen sich auf eine Bank in der Nähe und hören den Musikern für eine Weile zu. Lena gefällt besonders das Saxofons und Tim ist von dem Talent des Schlagzeugers fasziniert.

"Ich liebe diese Musik", sagte Lena. "Sie ist so entspannend und beruhigend."

"Ich auch", stimmte Tim zu. "Es ist unglaublich, wie talentiert die Musiker sind. Es sieht so einfach aus, aber es ist wirklich schwierig, so gut zu spielen."

Lena und Tim schließen die Augen und hören der Musik noch eine Weile zu. Nach einiger Zeit macht die Band eine Pause und Lena und Tim stehen auf und **klatschen** begeistert.

Als das Konzert zu Ende ist, gehen sie zurück zu ihrem Picknickplatz und packen den Picknickkorb und die Decke in ihre Taschen. Lena und Tim sind froh, dass sie den Tag miteinander verbringen konnten und beschließen sich jetzt wieder öfter zu treffen.

Zusammenfassung

Lena und Tim, zwei Freunde aus Schulzeiten, treffen sich in einem Park in Berlin zu einem Picknick. Die beiden haben sich lange nicht gesehen und viel über Arbeit und Studium zu erzählen. Nach dem Essen machen sie einen Spaziergang im Park, füttern die Enten und Schwäne und unterhalten sich über ihre Haustiere. Sie entdecken einen kleinen Flohmarkt, auf dem Lena eine Vase aus Keramik kauft. Später hören sie einem Jazz Konzert im Park zu, dass beiden sehr gut gefällt. Am Ende des Tages verabschieden sie sich und beschließen sich wieder öfter zu treffen.

Lena and Tim, two friends from school, meet in a park in Berlin for a picnic. The two haven't seen each other in a long time and have a lot to catch up in about their work and studies. After he picnic they take a walk in the park, feed the ducks and swans, and talk about their pets. They discover a small flea market where Lena buys a ceramic vase. Later they listen to a jazz concert in the park, which they both enjoy very much. At the end of the day they say goodbye and decide to meet more often from now on.

Vokablen

Straßenrand: side of the road
öffentliche Verkehrsmittel: public transport
Lehrerin: teacher
Grundschule: elementary/primary school
Erfahrungen: experiences
Respekt: respect
Möglichkeit: possibility, opportunity

Futter: food for animals
Flohmarkt: flea market
Armband: bracelet
Klatschen: to clap

Fragen

1. Mit welchem Transportmittel kommt Tim zum Treffen?
a. Mit dem Auto
b. Mit den öffentlichen Verkehrsmitteln
c. Mit dem Fahrrad
d. Mit einem Roller
e. Zu Fuß

2. Wo arbeitet Tim neben dem Studium
a. In der Buchhandlung der Universität
b. In einem Café der Universität
c. In einem Call Center
d. In einem Café in der Stadt
e. Auf einem Flohmarkt

3. Was kauft Lena auf dem Flohmarkt?
a. Ein Bild
b. Eine Skulptur
c. Eine Keramikvase
d. Ein Armband
e. Ein Hundehalsband

4. Wieviel kostet das Armband, dass Tim auf dem Flohmarkt kauft?
a. 15€
b. 20€
c. 5€
d. 25€

e.   10€

5.   Welches Instrument gefällt Lena beim Konzert am besten?
a.   Schlagzeug
b.   Gitarre
c.   Klavier
d.   Saxofon
e.   Trompete

Ein Tag in der Stadt

Anna wohnt nun schon seit einigen Jahren in München und kennt jeden **Winkel** der Stadt. Sie genießt es, durch die belebten Straßen zu schlendern und das geschäftige Treiben zu beobachten. Anna beschließt ihre Freundin Julia, die noch nicht lange in München wohnt, zum **Stadtbummel** einzuladen.

Die beiden Mädchen treffen sich vor einem kleinen Café in der Innenstadt und bestellen sich einen Kaffee. Anna trinkt einen Cappuccino mit Hafermilch und Julia hat sich für einen Chai Latte entschieden. Während sie ihre Getränke genießen, unterhalten sich die beiden über ihre Plane fur den Tag. Anna hat sich vorgenommen, Julia einige der versteckten Plätze und ihre liebsten Orte in der Stadt zu zeigen. "Ich habe gehört, dass heute im Park ein Flohmarkt stattfindet", sagte Anna. "Lass uns dorthin gehen und nach ein paar **Schnäppchen** Ausschau halten."

Julia stimmt begeistert zu und die beiden machen sich auf den Weg zum Park. Auf dem Flohmarkt gibt es allerlei Dinge zu entdecken, von alten Büchern und Schmuck bis hin zu Vintage-Kleidung und Möbeln. Die beiden stöbern durch die Stände und halten Ausschau nach besonderen **Fundstücken**. Anna zeigt Julia, wie man mit den Verkäufern handelt und dabei ein gutes Schnäppchen machen kann.

"Wie wäre es mit diesem alten Fotoalbum?", fragte Anna und zeigte auf einen Stand, der mit alten Fotos und bunten Postkarten gefüllt ist.

Julia betrachtete die Fotos und nickt. "Das Album würde perfekt auf den Tisch vor meinem Sofa passen. Ich bin schon lange auf der Suche nach **Dekoration** für meine neue Wohnung"

Als sie den Flohmarkt verließen, sahen sie, dass es zu regnen begann. "Oh nein, jetzt werden wir nass", sagte Julia.

Als die beiden das Ende des Marktes erreichten, bemerken sie, dass es zu regnen beginnt. Die dunklen **Wolken**, die sich am Himmel zusammengezogen hatten, fallen in dicken, großen Tropfen auf den Asphalt und bilden kleine **Pfützen**, die sich auf den Straßen und **Gehwegen** sammeln. Anna und Julia sehen sich besorgt an. Sie haben noch so viele Pläne für den heutigen Tag und das schlechte Wetter und der Regen drohen jetzt, ihre Pläne zu durchkreuzen.

"Was machen wir jetzt?", fragte Julia und zog ihre Jacke enger um sich.

Anna dachte einen Moment nach und schlug dann vor: "Ich kenne eine gemütliche Bar in der Nähe, in der wir uns aufwärmen und einen Kaffee trinken können."

Julia stimmte zu und sie machen sich auf den Weg zur Bar. Unterwegs laufen sie vorsichtig und blicken auf den Boden, um nicht in den Pfützen auszurutschen, die sich auf den Gehwegen bilden. Als sie schließlich die Bar erreichten, waren sie zwar etwas nass, aber erleichtert, dass sie endlich an einem trockenen Ort waren.

Sie bestellten sich heiße Getränke und ließen sich auf bequemen Sofas nieder. Die Atmosphäre in der Bar war warm und gemütlich und jetzt können die beiden es genießen, dem Regen draußen zuzusehen. Sie unterhalten sich über ihre Pläne für den restlichen Tag und beschließen, den Regen abzuwarten und dann ihre Erkundungstour fortzusetzen.

"Wie wäre es mit einem Besuch im Museum?", schlägt Anna vor, als der Regen aufhört.

"Das ist eine tolle Idee", stimmte Julia zu.

Im Museum bewunderten sie antike Kunstwerke und eine **Ausstellung** über die Geschichte der Stadt. Sie verbringen Stunden damit, sich alles anzusehen, und können gar nicht genug davon bekommen. Dabei tauschten sie auch ihre Gedanken über die Werke aus und diskutierten über die **Künstler** und die Geschichte hinter den **Kunstwerken.**

Nach dem Museum sind Anna und Julia hungrig und beschließen, in ein kleines italienisches Restaurant zu gehen, das Anna vor ein paar Jahren in der Nähe ihrer Wohnung entdeckt hat. Das Restaurant ist gemütlich und einladend, mit roten und weißen Tischdecken, einer offenen Küche und freundlichen Personal. Als sie sich hinsetzten, werden sie vom Duft nach frischer Pizza und Pasta begrüßt.

Anna bestellt eine große Pizza Margherita und Julia entscheidet sich für eine Portion Spaghetti Carbonara. Während sie auf ihr Essen warten, unterhalten sie sich über ihre Lieblingsrestaurants und die besten **Gerichte**, die sie jemals probiert haben. Julia war während des Studiums ein Semester in Italien und kennt sich sehr gut mit der italienischen Küche aus.

Als das Essen kommt, sind die beiden begeistert. Die Pizza hat einen **knusprigen** Boden und ist großzügig mit frischem Basilikum, Tomaten und Mozzarella belegt. Die Spaghetti Carbonara sind perfekt al dente und die Sauce ist cremig und reichhaltig. Anne lässt Julia von ihrer Pizza probieren.

"Wie schaffen die es, dass die Pizza so lecker schmeckt?", fragt Julia.

Anna grinste. "Das Geheimnis ist die Tomatensauce. Sie machen sie selbst und verwenden nur frische **Zutaten**."

Die beiden Freundinnen genießen ihr Essen und unterhalten sich noch einmal über ihre Erfahrung im Museum und wechseln dann das Gesprächsthema zu ihren Lieblingsfilmen. Dabei stellen sie fest, dass beide noch nie den bekannten und viel ausgezeichneten Film „Westen nichts Neues" gesehen haben.

"Willst du den Film heute Abend bei mir Zuhause schauen?", fragte Anna. „Ich habe ein gemütliches Sofa und einen großen Fernseher. Wir können auf dem Weg nach Hause noch Popocorn kaufen."

„Großartige Idee" lacht Julia begeistert. „So viele neue Dinge an einem Tag sehe ich selten".

Als sie satt sind, zahlen sie und verlasse das Restaurant. Es war mittlerweile dunkel und die Stadt ist nun beleuchtet. Sie machen einen kleinen Spaziergang zu Annas Wohnung, und genießen es dabei,

München auch noch bei Nacht zu sehen. An einem kleinen Stand auf dem Marienplatz kaufen sie das versprochene Popcorn und machen sich auf den Weg nach Hause

In Annas Wohnung setzten sie sich auf das gemütliche Sofa im Wohnzimmer und lassen den Abend mit einem Film und Popcorn ausklingen. Der Film ist spannend und beide schauen gespannt auf den Fernseher. Als der Film zu Ende ist, ist es schon spät und Julia beschließt, nach Hause zu gehen. Anna begleitete sie zur Tür und umarmte sie.

"Danke für diesen tollen Tag", sagt Julia. "Ich freue mich darauf, dass wir das bald wieder machen", antwortet Anna. "Es gibt noch so viel zu entdecken und zu erleben in dieser Stadt." Sie verabschieden sich und freuen sich auf ihr nächstes Treffen.

Zusammenfassung

Anna lädt ihre Freundin Julia zu einem Spaziergang durch München ein. Sie treffen sich in einem Café und beschließen, auf einen Flohmarkt zu gehen, wo sie nach Schnäppchen suchen. Als es zu regnen beginnt, suchen sie Schutz in einer gemütlichen Bar, wo sie sich mit heißen Getränken aufwärmen. Danach besuchen sie ein Museum und genießen italienisches Essen in einem Restaurant. Sie diskutieren über ihre Lieblingsrestaurants und -gerichte. Nach dem Abendessen sehen sie sich gemeinsam einen Film bei Anna an. Sie freuen sich darauf, öfters solche Tage miteinander zu verbringen.

Anna invites her friend Julia to a stroll through Munich. They stop by a cafe and decide to go to a flea market where they search for treasures. As it starts to rain, they seek shelter in a cozy bar where they warm up with hot drinks. Afterward, they visit a museum and enjoy Italian food at a restaurant. They discuss their favorite restaurants and dishes. After dinner, they watch a movie together at Anna's place. They look forward to spend days like this together more often.

Vokabeln

Winkel: Angle
Stadtbummel: city stroll
Schnäppchen: a steal/bargain
Fundstück: a (rare) find/treasure
Dekoration: decoration
Wolke: cloud
Pfütze: puddle
Gehweg: sidewalk

Ausstellung: exhibition

Künstler: artist

Kunstwerke: artwork

Gerichte: dish

Knusprig: crunchy

Zutaten: ingredients

Fragen

1.   Wo treffen sich Anna und Julia zu Beginn ihres Stadtbummels?

a.   In einem Café

b.   In der Straßenbahn

c.   Beim Bäcker

d.   Auf dem Flohmarkt

e.   An der U-Bahn Haltestelle

2.   Was will Julia auf dem Flohmarkt kaufen?

a.   Schmuck

b.   Ein Bild

c.   Ein Fotoalbum

d.   Ohrringe

e.   Ein Buch

3.   Was bestellt Anna im Restaurant?

a.   Spagetti Carbonara

b.   Penne Arrabiata

c.   Pizza Quattro Formaggi

d.   Spagetti Aglio Oglio

e.   Pizza Margarita

4.   Wo war Julia im Auslandssemester?

a.   Portgual

b.   Spanien

c.   Frankreich
d.   Italien
e.   Schweden

5.   Welchen Film schauen die beiden bei Anna zuhause?
a.   Kevin allein Zuhaus
b.   Westen nichts Neues
c.   Liebe braucht keine Ferien
d.   Tatsachlich Liebe
e.   Titanicus

Ein Tag auf den Bauernhof

Die Familie Müller ist heute zu Besuch auf einem **Bauernhof.** Mama, Papa und die beiden Kinder, Tim und Lisa, sind sehr aufgeregt, denn sie haben noch nie einen Bauernhof besucht. Tim und Lisa haben schon viel über Bauernhöfe und ihre Bewohner gelesen, aber besuchen heute zum ersten Mal selbst einen Hof mit ihren Eltern. Die beiden Kinder sind richtig aufgeregt. Bevor sie losfahren, packen sie ihre **Rucksäcke** und ziehen sich Gummistiefel an, denn auf dem Bauernhof kann es **matschig** werden. Dann geht es los zu Bauer Hans.

Als sie ankommen, werden sie von Bauer Hans herzlich begrüßt. "Willkommen auf dem Bauernhof!" sagt er mit einem breiten Lächeln. Er erklärt ihnen, dass sie sich auf einem Biohof befinden und er sich um alle Tiere und Pflanzen selbst kümmert. Er zeigt ihnen die verschiedenen Tiere, die auf dem Hof leben. Es gibt **Hühner** und **Schweine, Kühe, Schafe** und Ziegen und sogar einen **Esel.** Manche der Tiere stehen in ihren Ställen, aber es gibt viel Platz und freie Wiese, auf denen die Tiere stehen können. Die Familie schaut sich auf dem Hof um und beginnen sofort, die verschiedenen Tiere zu beobachten, zu streicheln und Bauer Hans viele Fragen zu stellen. Tim und Lisa sind begeistert und schließen sofort **Freundschaft** mit dem Hund Kira, der frei über den Hof läuft.

Während sie über den Bauernhof laufen, erklärt Bauer Hans Tim und Lisa, dass es wichtig ist, die Tiere **artgerecht** zu versorgen und zu füttern. Er zeigt den Kindern, wie man die Tiere richtig füttert und gibt ihnen auch einige Tipps, wie sich die Tiere gerne **streicheln** lassen. Tim und Lisa helfen fleißig mit und dürfen die Tiere selbst füttern. Sie sind beeindruckt, wie hungrig die Tiere sind und wie schnell sie ihr Futter verschlingen. Besonders gerne sind die beiden aber im **Stall** bei den Hühnern und Schweinen.

Lisa hat viel Spaß daran, den Hühnern Körner zu geben. Sie fragte Bauer Hans, ob sie die Hühner streicheln darf. Bauer Hans erklärt ihr, dass die Hühner es sogar sehr mögen, wenn man sie streichelt. Es dauert eine Weile bis eines der Hühner sich von Lisa fangen lässt, aber als sie es an ihrer Brust hält ist Lisa begeistert, wie weich und warm sich die Hühner anfühlen.

Tim findet die Schweine sehr lustig. Sie **grunzen** und rennen in ihrem Stall herum. Tim gibt ihnen Äpfel und Karotten und beobachtet, wie sie sich darüber hermachten. Während er die Tiere füttert und sie nach mehr Futter suchen, werfen die Schweine Tim fast um. Er lacht und fragt Bauer Hans, ob er auch ein Schwein haben kann, aber Bauer Hans erklärt ihm, dass Schweine viel Platz und Pflege benötigen und dass die großen Tiere besser auf einem Bauernhof leben als in einer kleinen Wohnung. Hier auf dem Bauernhof haben die Schweine außerdem viel Gesellschaft von den anderen Tieren auf dem Hof.

Bauer Hans führt die Familie zu seinem Traktor und den Maschinen, die auf dem Hof stehen. Die Kinder schauen fasziniert auf das große Fahrzeug. Bauer Hans erzählt ihnen, dass der Traktor für viele Arbeiten auf dem Hof genutzt wird, wie das Vorbereiten der Felder oder bei der

Ernte auf den Feldern im Herbst. Tim staunt über die Größe des Traktors und fragt Bauer Hans, wie schnell er fahren kann. Bauer Hans antwortet mit einem Lächeln: "Das hängt von der Arbeit ab, die er erledigen muss. Aber er kann schon sehr schnell fahren!" Dann zeigt Bauer Hans Tim und Lisa, wie der Traktor gestartet wird und die beiden Kinder dürfen sich zu ihm setzen und mit Bauer Hans eine Runde über den Hof fahren.

Tim ist begeistert und fragt, ob er einmal auf dem Traktor fahren darf. Bauer Hans ist einverstanden und erklärt ihm, wie man den Traktor lenkt und Gas gibt. Tim setzt sich zu Bauer Hans auf den Fahrersitz und hält **das Lenkrad** fest. Seine Füße reichen nicht bis zum Gas, aber er stellt sich vor, wie er über die Felder und Straßen fährt. Er macht **das Geräusch** des Traktors nach und Bauer Hans lacht. "Vielleicht wird aus dir einmal ein echter Bauer!" sagt er und klopft ihm auf die Schulter.

Während Tim und Lisa mit den Ziegen auf dem Hof spielen, unterhalten sich die Erwachsenen mit Bauer Hans über die Arbeit auf dem Bauernhof und wie schwer es dort manchmal sein kann. Bauer Hans erzählt, dass er auf dem Bauernhof aufgewachsen ist und schon seit vielen Jahren hier auf dem Hof arbeitet und dass es ihm viel Freude bereitet. Die beiden Eltern sind beeindruckt von seiner **Leidenschaft** für die Tiere und seine Arbeit.

Als nächstes geht es zum Stall, in dem die Kühe stehen. Die Familie erfährt, wie wichtig es ist, dass die Kühe gesund und glücklich sind, damit sie gute Milch geben können. Bauer Hans zeigt den Kindern, wie man eine Kuh melkt und wie man die Milch später zu Käse verarbeitet. Lisa darf auch selbst eine Kuh **melken**, was gar nicht so einfach ist. Bauer Hans hilft ihr und gemeinsam schaffen sie es die Kuh zu melken.

Als sie schließlich einen **Becher** Milch in den Händen hält ist sie sehr stolz darauf. Die Kinder probieren selbst die frische Milch. Sie schmeckt köstlich!

Zum Abschluss gibt es noch eine weitere kleine **Kostprobe** der Milch und selbstgemachten Käse, den Bauer Hans herstellt. Dazu essen sie frisches Brot aus der nahegelegenen **Bäckerei.** Die Familie ist begeistert von dem Geschmack der Produkte und kauft noch ein einiges für zuhause. Tim und Lisa finden den Käse besonders lecker und wollen später zuhause auch Käsebrote essen.

Auf dem Weg zurück zum Auto sind alle glücklich und zufrieden. Tim und Lisa haben viel über das Leben auf dem Bauernhof gelernt und freuen sich schon darauf, bald wiederzukommen.
„Am besten haben mir die Hühner gefallen!" sagt Lisa. „Mir hat der Traktor am besten gefallen!" sagt Tim. "Das war der beste Tag aller Zeiten!" ruft Tim begeistert und Lisa nickt zustimmend. Mama und Papa sind auch sehr zufrieden und bedanken sich bei Bauer Hans für den tollen Tag.

Zusammenfassung

Die Familie Müller besucht zum ersten Mal einen Bauernhof. Der Besitzer, Bauer Hans, begrüßt sie herzlich und erklärt ihnen, dass es sich um einen Biohof handelt und er sich um alle Tiere und Pflanzen kümmert. Er führt sie herum und erklärt ihnen, wie man die Tiere füttert und pflegt. Die Kinder Tim und Lisa freuen sich auf den Umgang mit den Tieren, insbesondere mit den Hühnern und Schweinen. Außerdem dürfen sie mit Bauer Hans auf dem Traktor mitfahren. Sie dürfen einige der Lebensmittel des Bauernhofs probieren und verbringen einen schönen Tag auf dem Bauernhof.

The Müller family visits a farm for the first time. They are warmly greeted by the owner, Farmer Hans, who explains that it is a bio farm and he takes care of all the animals and plants. He shows them around and explains how to feed and care for the animals. The children, Tim and Lisa, are excited to interact with the animals, particularly the chickens and pigs. They also get to ride on the tractor with Farmer Hans. They get to try some of the farms' foods and spend a lovely day on the farm.

Vokablen

Bauernhof: farm
Rucksäcke: backpack
Matschig: muddy
Hühner: chicken
Schweine: pigs
Kühe: cows

Schafe: sheep
Esel: donkey
Freundschaft: friendship
Artgerecht: species appropriate
Streicheln: to pet
Grunzen: to grunt
Lenkrad: steering wheel
Geräusch: sound
Leidenschaft: passion
Melken: to milk
Becher: cup
Kostprobe: sample/taste
Bäckerei: bakery

Fragen

1. Welche Tiere gibt es nicht auf Bauer Hans' Hof?
a.   Hühner
b.   Kühe
c.   Schafe
d.   Pferde
e.   Esel

2. Wie erklaert Bauer Hans Tim, dass er kein Schwein als Haustier haben kann?
a.   Die Tiere brauchen mehr Platz
b.   Die Tiere sind zu laut
c.   Schweine machen viel Schmutz
d.   Mama und Papa wollen keine Haustiere
e.   Die Schweine fressen zu viel

3. Was dürfen Tim und Lisa mit Bauer Hans gemeinsam fahren?
a.   Einen Rasenmäher

b.   Ein Auto
c.   Ein Fahrrad
d.   Einen Traktor
e.   Einen Bagger

4.   Was hat Lisa am Tag auf dem Bauernhof am besten gefallen?
a.   Das Melken der Kühe
b.   Das Streicheln der Hühner
c.   Die Käsebrote
d.   Der Traktor
e.   Der Hund

5.   Was wollen Tim und Lisa Zuhause essen?
a.   Käsebrote
b.   Spagetti Bolognese
c.   Milchreis
d.   Käsefondue
e.   Pizza

Ein Tag im Zoo

Es ist ein sonniger Tag und die Familie Meyer hat beschlossen, einen Ausflug in den Zoo zu machen. Alle freuen sich darauf, wilde Tiere zu sehen und einen Tag in der Natur zu verbringen.

Als sie am Eingang ankommen, sind sie von der Größe des Zoos beeindruckt. Der Vater, Herr Meyer, kauft Tickets und eine Karte, um sich im Zoo besser zurechtzufinden. Die Mutter, Frau Meyer, sagt: "Schaut euch die Karte genau an, damit wir nichts verpassen."

Die Kinder, Jonas und Sarah, haben ihr eigenes Programm: Sie wollen zuerst die Affen sehen und dann ins Aquarium gehen. "Können wir in das Aquarium gehen, bevor wir etwas anderes tun?", fragt Sarah. "Ich möchte die **Haie** sehen!" Tim antwortet: "Aber ich will auch die **Affen** sehen." Der Vater sagt: "Keine Sorge, wir werden uns alles ansehen." Die Familie macht sich los auf Entdeckungstour im Zoo.

Als sie in den Affenbereich kommen, sehen sie eine Gruppe von Schimpansen, die herumtollen. Frau Meyer sagt: "Es ist erstaunlich zu sehen, wie intelligent und menschenähnlich sie sind." Herr Meyer fügt hinzu: "Sie sind erstaunliche Tiere, aber wir dürfen nicht vergessen, dass sie wild sind." Einige Affen hängen von Ästen, andere springen herum und spielen miteinander. Jonas und Sarah lachen, als sie beobachten, wie ein Affe versucht, einen Apfel zu stehlen, der aus einer Tasche eines Mannes hängt. Der Mann bemerkt den Affen und läuft schnell davon. Herr Meyer erklärt, dass Affen sehr neugierig sind und gerne spielen. Er sagt auch, dass sie sehr schlau sind und manchmal **Werkzeuge** verwenden, um Nahrung zu bekommen.

Schließlich kommen sie zum Aquarium, wo sie viele Arten von **Fischen**, **Schildkröten** und sogar Haie sehen. Jonas und Sarah sind begeistert von den bunten Korallen, von den verschiedenen Arten von Fischen und anderen Meerestieren. Sie beobachten, wie ein kleiner Fisch in einem Schwarm schwimmt, und wie ein Hai sich elegant durch das Wasser bewegt. Sie sind besonders fasziniert von den Haien, die durch das Wasser schwimmen. Frau Meyer erklärt: "Haie sind sehr wichtige Tiere im Ökosystem des Meeres. Ohne sie würde das **Gleichgewicht** gestört werden." Tim fragt: "Können wir einen Hai streicheln?" Der Vater lacht und antwortet: "Nein, Tim. Haie sind Raubtiere und wir sollten ihnen nicht zu nahekommen."

Die Kinder verbringen viel Zeit im Aquarium und beobachten die Tiere. Sie fragen ihre Eltern viele Fragen über die Fische, Haie und Schildkröten. Herr und Frau Meyer beantworten geduldig ihre Fragen und erklären ihnen alles, was sie wissen möchten. Die Kinder sind so begeistert, dass sie beschließen, eines Tages selbst eine Aquarienexpedition zu machen.

Als sie weitergehen, sehen sie die **Seelöwen**, die Kunststücke im Wasser machen. Sarah ruft: "Schau mal, Mama, der Seelöwe hat einen Ball im Mund!" Die Mutter sagt: "Ja, das ist sein **Lieblingsspielzeug**." Der Vater erklärt: "Seelöwen sind sehr intelligent und können viele Dinge lernen.

Aber wir sollten uns daran erinnern, dass sie in Gefangenschaft leben und dass sie eigentlich in der Wildnis sein sollten."

Die Familie ist nach ihrem Besuch im Aquarium hungrig und beschließt, im Restaurant des Zoos zu essen. Sie finden einen Tisch und bestellen Essen und Getränke. Jonas ist aufgeregt und bestellt ein Eis. Lisa entscheidet sich für ein Stuck Erdbeerkuchen. Die Eltern trinken Kaffee und plaudern über ihre Erfahrungen im Zoo. Sie sind alle sehr glücklich und zufrieden mit dem bisherigen Ausflug und genießen die Pause. Sie können die Geräusche der Tiere hören, die durch das Restaurant dringen und die Atmosphäre um sie herum füllen. Jonas schaut umher und sieht andere Familien, die das Essen und den Zoo genießen. "Das war ein toller Ausflug bisher", sagt er mit einem breiten Lächeln auf dem Gesicht.

Sie gehen weiter und sehen die Elefanten, die gerade gefüttert werden. Jonas und Sarah sind erstaunt, wie groß sie sind. Frau Meyer sagt: "Elefanten sind sehr soziale Tiere und leben normalerweise in Gruppen. Sie haben auch ein gutes **Gedächtnis** und können sich an Dinge erinnern, die vor vielen Jahren passiert sind." Herr Meyer fügt hinzu: "Leider werden Elefanten in vielen Ländern illegal gejagt, weil ihre Stoßzähne sehr wertvoll sind."

Jonas und Sarah können ihre Aufregung kaum unterdrücken, als sie den Spielplatz entdecken. Dort gibt es viele lustige Dinge zu tun, wie zum Beispiel auf der Schaukel schaukeln, auf dem Klettergerüst klettern oder auf der Rutsche rutschen. Herr und Frau Meyer lassen die Kinder spielen, während sie sich auf einer Bank ausruhen und den Spielplatz beobachten. Jonas und Sarah haben so viel Spaß, dass sie fast vergessen, dass sie noch mehr Tiere zu sehen haben.

Schließlich kommen sie zum Löwenbereich. Die Kinder haben Angst, zu nah an den **Löwen** zu stehen, aber sie sind fasziniert von ihrer Größe und Schönheit. Herr Meyer sagt: "Löwen sind die Könige des Dschungels. Sie sind sehr mächtige Tiere und können Beute töten, wenn sie hungrig sind." Jonas und Sarah sind beeindruckt und beobachten die Löwen, wie sie in der Sonne schlafen. Sie hören das laute **Brüllen** eines männlichen Löwen und das Schnurren der weiblichen Löwen. Die Kinder fragen Herrn Meyer, ob sie näherkommen können, um die Löwen besser zu sehen. Herr Meyer erklärt ihnen, dass es zu gefährlich ist, und dass sie immer auf den Wegen bleiben sollten.

Während sie weitergehen, hören sie die Schreie von **Papageien** und sehen eine Gruppe von bunten Vögeln, die auf den Ästen von Bäumen sitzen. Die Vögel schauen neugierig auf die Besucher und plappern munter vor sich hin. Sarah sagt zu Jonas: "Schau, wie schön diese Vögel sind! Ich wünschte, ich könnte mit ihnen sprechen." Herr Meyer sagt: "Ja, Papageien sind sehr kluge Tiere. Manche können sogar Wörter sprechen und ganze Sätze bilden."

Schließlich ist es Zeit, den Zoo zu verlassen. Die Kinder sind traurig, dass sie gehen müssen, aber sie haben viele wunderbare Erinnerungen an ihren Tag im Zoo. Frau Meyer sagt: "Ich bin froh, dass ihr so viel Spaß hattet. Der Zoo ist ein besonderer Ort, an dem man die Natur und die Tiere besser kennenlernen kann." Die Familie geht glücklich und voller Freude nach Hause und die Kinder können es kaum erwarten, wiederzukommen.

Zusammenfassung

Die Familie Meyer hat beschlossen, einen Ausflug in den Zoo zu machen. Als sie am Eingang ankommen, sind sie von der Größe des Zoos beeindruckt. Die Kinder möchten zuerst die Affen sehen und dann ins Aquarium gehen. Im Affenbereich sehen sie Schimpansen, die herumtollen, und beobachten, wie ein Affe versucht, einen Apfel zu stehlen. Im Aquarium sehen sie viele Arten von Fischen, Schildkröten und Haie. Die Kinder fragen ihre Eltern viele Fragen über die Tiere. Die Familie isst im Restaurant des Zoos und genießt die Pause. Sie sehen Elefanten, die gefüttert werden, und entdecken den Spielplatz.

The Meyer family goes to the zoo to spend a day in nature and see wild animals. They are impressed by the size of the zoo, and the father buys tickets and a map to navigate it. They visit the monkey area, where they watch the curious monkeys play and use tools to obtain food. Then, they go to the aquarium and observe various sea creatures, including sharks. Later, they see the sea lions perform in the water, and then have lunch in the zoo's restaurant. They continue their tour, seeing the elephants and enjoying the playground. The family is fascinated and has an enjoyable time learning about the animals.

Vokabeln

Haie: sharks
Affen: monkeys
Werkzeuge: tools
Fische: fish
Schildkröten: turtles

Seelöwen: sea lion
Lieblingsspielzeug: favourite toy
Gedächtnis: memory
Löwen: lion
Brüllen: roar
Papageien: parrot

Fragen

1.   Was möchte Sarah zu Beginn unbedingt sehen?
a.   Die Kunststücke der Seelöwen
b.   Die brüllenden Löwen
c.   Die frechen Schimpansen
d.   Das Aquarium
e.   Den Spielplatz

2.   Was beobachten Jonas und Sarah im Affengehege?
a.   Ein Affe isst eine Banane
b.   Ein Affe stiehlt einen Apfel
c.   Ein Mann füttert die Affen mit Äpfeln
d.   Die Affen schlafen
e.   Ein Pfleger macht das Gehege sauber

3.   Womit macht der Seelöwe seine Kunststücke?
a.   Mit einem Luftballon
b.   Mit einem Seil
c.   Mit einer Trompete
d.   Mit einem Ball
e.   Mit einem Tuch

4.   Was essen Sarah und Jonas im Restaurant?
a.   Beide essen ein Eis
b.   Eis und Himbeertorte
c.   Himbeertorte und Erdbeertorte

d.   Eis und Erdbeertorte
e.   Beide essen Erdbeertorte

5.   Welche ist eine besondere Eigenschaft von Elefanten?
a.   Elefanten können besonders schnell laufen
b.   Elefanten schlafen nur 2h am Tag
c.   Elefanten können haben ein sehr gutes Gedächtnis
d.   Elefanten sind gerne allein
e.   Elefanten essen gerne Äpfel

Ein Besuch bei den Großeltern

Lena wacht an einem schönen Samstagmorgen im Sommer auf und weiß genau, dass es ein besonderer Tag ist, denn heute besuchen sie und ihre **Geschwister** ihre **Großeltern**, was sie schon seit einiger Zeit geplant haben. Lena liebt ihre Großeltern sehr und vermisst sie, da Lena mit ihrer Familie in einer anderen Stadt wohnt. Sie wohnt mit ihren Eltern und Geschwistern in Augsburg, einer mittelgroßen Stadt in Bayern und ihre Großeltern leben in einem kleinen Dorf auf dem Land, am Rande eines Waldes.

Nach dem Frühstück packt die Familie ihre Sachen und macht sich auf den Weg. Lena und ihre Geschwister, Max und Anna, sitzen auf der Rückbank und spielen ein Spiel, um sich die Zeit zu vertreiben. Sie singen Lieder und erzählen sich Geschichten. Max ist seit diesem Schuljahr auf dem Gymnasium und ein guter Geschichtenerzähler. Lena und Anna hören seinen Geschichten gespannt zu. Die Fahrt dauert ungefähr eine Stunde und als sie am Ziel angekommen sind, werden sie von ihren Großeltern freudig empfangen.

Auch die Großeltern können es kaum erwarten, ihre Enkel wiederzusehen. Seit Wochen haben sie sich auf diesen Tag vorbereitet und alles organisiert: Sie haben das Haus aufgeräumt, **Geschenke** gekauft und das Essen vorbereitet. Der Duft von frisch gebackenem Apfelkuchen und Kaffee erfüllt die Luft.

Die Großeltern Sie kennen die Hobbys und Interessen ihrer Enkel genau und haben für jeden eine besondere **Überraschung** vorbereitet. Für den jungen Max haben sie ein neues Puzzle gekauft, für Anna, die kreative Malerin, haben sie ein wunderschönes Malbuch besorgt, und Lena, die leidenschaftliche Musikliebhaberin, bekommt eine CD ihrer Lieblingsband.

Lena ist begeistert von ihrer CD und möchte sie sofort hören. Sie geht in das Wohnzimmer in den ein CD-Spieler steht, um sie anzuhören und ihre Großeltern bereiten das Mittagessen vor. Es gibt Braten mit Kartoffeln und Gemüse aus dem Garten. Die Großeltern haben einen großen Garten mit vielen verschiedenen **Obst- und Gemüsesorten**. Sie legen großen Wert darauf, ihr Essen selbst anzubauen.

Während des Mittagessens setzen sich alle gemeinsam an den großen Tisch in der geräumigen Küche der Großeltern. Der Tisch ist mit einer bunten Tischdecke bedeckt und mit Geschirr und Besteck eingedeckt. Während des Essens erzählen die Großeltern Geschichten aus ihrer Jugendzeit. Sie erzählen von ihren **Abenteuern**, ihren Erfahrungen und ihren Freunden. Die Enkelkinder hören aufmerksam zu und stellen viele Fragen. Sie können es kaum glauben, dass ihre Großeltern auch einmal jung waren und ähnliche Erlebnisse wie sie hatten.

Die Großeltern freuen sich sehr über das Interesse ihrer Enkelkinder und erzählen gerne weiter. Sie berichten von ihren Lieblingssportarten, von ihren Hobbys und von ihren Reisen. Sie erzählen von ihrer ersten Begegnung und wie sie sich ineinander verliebt haben. Die Enkelkinder sind begeistert und lauschen gespannt den Geschichten ihrer Großeltern.

Nach dem Mittagessen gehen Lena und Opa in den Garten. Der Garten der Großeltern ist groß und gepflegt. Überall wachsen bunte Blumen, Kräuter und verschiedene Gemüsesorten. Opa führt Lena durch den Garten und zeigt ihr, wo das Gemüse wächst und wie es gepflegt wird. Lena ist begeistert von den Farben und Düften, die sie umgeben.

Sie sammeln Tomaten, **Paprika, Gurken, Möhren und Radieschen**. Als sie das Gemüse ernten, gibt Opa Lena Tipps, wie man erkennt, wann das Gemüse reif ist und wie man es am besten erntet. Lena lernt, wie man Tomaten richtig schneidet, wie man Paprika entkernt und wie man Gurken richtig wäscht. Sie ist erstaunt, wie viel Arbeit und Geduld erforderlich ist, um Gemüse anzubauen.

Während sie durch den Garten gehen, erzählt Opa von seiner eigenen **Kindheit** und wie er in einem kleinen Dorf aufgewachsen ist. Er erzählt, wie wichtig es für seine Familie war, ihr eigenes Gemüse und Obst anzubauen, um genug zu essen zu haben. Lena hört aufmerksam zu und kann sich gut vorstellen, wie es war, in einem solchen Dorf aufzuwachsen.

Als sie genug Gemüse gesammelt haben, kehren sie ins Haus zurück, wo Oma schon auf sie wartet. Lena hilft ihrer Oma dabei, das Gemüse zu waschen und zu schneiden, um eine leckere Zucchinisuppe zu kochen. Sie lernt dabei, wie man Gemüse am besten schneidet und welches Gemüse man in welcher Reihenfolge in den Topf gibt. Lena ist begeistert von den Düften, die aus dem Topf steigen, und kann es kaum erwarten, die Suppe zu probieren.

Dann gibt es Kaffee und **Kuchen**. Oma hat einen wunderbaren Apfelkuchen gebacken, der herrlich duftet. Die Enkelkinder sind begeistert und können es kaum erwarten, den Kuchen zu probieren. Sie setzen sich zusammen an den Tisch, trinken Kaffee und essen Kuchen. Sie sitzen gemütlich zusammen und die Kinder erzählen den Großeltern von der Schule. Anna schlägt vor „Lasst uns alle gemeinsam „Mensch ärgre dich nicht" spielen!". Lena und Max nicken sofort begeistert und die Großeltern stimmen lachend zu. Oma holt das Spiel aus dem Schrank und sie beginnen zu spielen. Den restlichen Nachmittag spielen sie **Kartenspiele und Brettspiele** und haben dabei viel Spaß zusammen. Die Großeltern kennen viele verschiedene Spiele und erklären den Kindern geduldig die Regeln.

Die Zeit vergeht wie im Flug und bald wird es Zeit für das Abendessen. Lena und ihre Oma haben eine köstliche Gemüsesuppe zubereitet und alle sind gespannt darauf, sie zu probieren. Die Suppe ist so lecker, dass alle mehrere Portionen essen. Die Großeltern freuen sich, dass ihre Enkelkinder das Essen genießen und dass sie gemeinsam kochen und essen können. Die Zeit vergeht wie im Flug und es wird langsam Zeit, sich zu verabschieden.

Die Großeltern sagen, dass sie sich auf den nächsten Besuch freuen und die Enkel versprechen, bald wiederzukommen. Sie haben einen wunderschönen Tag bei ihren Großeltern verbracht und sind sehr glücklich darüber. Sie verabschieden sich herzlich und machen sich auf den Weg nach Hause.

Auf der Rückfahrt sind alle sehr müde und ruhig. Sie denken über den schönen Tag nach und sind dankbar für ihre Großeltern. Lena und ihre

Geschwister beschließen, ihren Großeltern öfter zu besuchen und auch selbst Gemüse anzubauen. Als sie zu Hause ankommen, sind alle sehr erschöpft, aber glücklich. Lena geht in ihr Zimmer und hört ihre neue CD. Sie denkt an den schönen Tag zurück und ist glücklich darüber, dass sie so eine tolle Familie hat.

Zusammenfassung

Es ist ein schöner Samstag und Lena und ihre Geschwister besuchen ihre Großeltern, die sie schon seit einiger Zeit nicht mehr gesehen haben. Sie verbringen den Tag gemeinsam, teilen Geschichten und genießen ein leckeres Essen, das von ihren Großeltern zubereitet wird, die ihnen auch ihren Garten zeigen und sie über das Anbauen von Gemüse unterrichten. Lena lernt, wie man Gemüse schneidet und erkennt, wie viel Arbeit es erfordert, um es anzubauen

On a beautiful summer Saturday Lena and her siblings are visiting their grandparents, whom they haven't seen in a while. They spend the day together, sharing stories and enjoying a delicious meal prepared by their grandparents who also show them their garden and teach them about growing vegetables. Lena learns how to cut vegetables and realizes how much work it takes to grow them.

Vokabeln

Geschwister: siblings
Großeltern: grandparents
Geschenke: presents
Überraschung: surprise
Obst: fruit
Gemüse: vegetable
Abenteuer: adventure
Paprika: bell pepper
Gurken: cucumber
Möhren: carrot
Radieschen: radish

Kindheit: childhood
Kuchen: cake
Kartenspiele: card games
Brettspiele: board games

Fragen

1.   Wo leben Lena, Anna und Max' Großeltern?
a.   In derselben Stadt wie Lena, Anna und Max
b.   In einer Wohnung in Berlin
c.   In einem Haus am Waldrand
d.   An einer vielbefahrenen Straße
e.   Im Altenheim

2.   Was bekommt Anna von den Großeltern als Überraschung
a.   Eine Spieluhr
b.   Ein Malbuch
c.   Ein Puzzle
d.   Eine CD
e.   Einen CD-Spieler

3.   Welchen Kuchen hat Oma für die Kinder vorbereitet?
a.   Apfelkuchen
b.   Erdbeerkuchen
c.   Marmorkuchen
d.   Sachertorte
e.   Birnenkuchen

4.   Welche Suppe kochen Oma und Lena gemeinsam
a.   Erbsensuppe
b.   Kürbissuppe
c.   Kartoffelsuppe
d.   Zucchinisuppe
e.   Brokkolisuppe

5.   Wovon erzählt Opa Lena im Garten

a.   Von seiner Zeit im Krieg
b.   Von seiner Nachbarin
c.   Von seiner Kindheit
d.   Wie er Oma kennenlernte
e.   Von seinen Reisen

Der Arztbesuch

Hannah wacht eines morgens auf und spürt direkt einen **Schmerz** in ihrem unteren Rücken. „Komisch", denkt Hannah sich, „Gestern war doch noch alles gut." Sie versucht, sich zu bewegen und aufzustehen, aber bei jedem Schritt tut ihr Rücken weh. Sie denkt, dass es vielleicht nur eine **Verspannung** ist, die bald wieder von allein weggeht. Doch im Laufe des Tages werden die Schmerzen immer intensiver und Hannah kann kaum noch arbeiten oder sich auf etwas anderes konzentrieren.

Sie beschließt, dass es besser ist, einen **Arzt** aufzusuchen, bevor die Schmerzen schlimmer werden und möglicherweise zu einer ernsthaften Erkrankung führen. Sie sucht im Internet nach Ärzten in ihrer Nähe und findet schließlich eine Praxis, die sich auf **Rückenschmerzen** spezialisiert hat. Sie vereinbart sofort einen **Termin** für den nächsten Tag und hofft, dass der Arzt ihr helfen kann.

Als Hannah die Praxis betritt, wird sie von einer freundlichen Empfangsdame mit einem Lächeln begrüßt. Die Empfangsdame fragt höflich nach ihrem Namen und ihrem Anliegen und bittet sie, Platz zu nehmen. Während Hannah im Wartezimmer auf ihren Termin wartet, schweifen ihre Gedanken zu den Schmerzen in ihrem Rücken und sie fragt sich, was der Arzt wohl dazu sagen wird. Sie blättert durch das Magazin auf dem Tisch, aber ihre Aufmerksamkeit schweift immer wieder ab. Die Minuten scheinen wie Stunden zu vergehen, aber schließlich wird sie von einer **Krankenschwester** aufgerufen.

Die Krankenschwester, die sie in das **Behandlungszimmer** führt, ist sehr nett und freundlich. Sie fragt nach ihrem Anliegen und zeigt Hannah dann, wo sie sich hinsetzen kann. Währenddessen notiert sich die Krankenschwester Hannahs Beschwerden auf einem Formular und versichert ihr, dass der Arzt gleich bei ihr sein wird.

Als der Arzt das Zimmer betritt fühlt Hannah sich ein wenig unwohl. Sie ist nicht gerne beim Arzt und die Schmerzen in ihrem Rücken machen sie noch nervöser. Doch Dr. Müller strahlt eine ruhige und freundliche Art aus, die Hannah sofort beruhigt. Er nimmt sich viel Zeit für sie und stellt ihr gezielte Fragen zu ihren **Beschwerden**. Hannah ist erleichtert, dass sie jemanden gefunden hat, der sich um sie kümmert und aufmerksam zuhört.

Dr. Müller erklärt Hannah genau, welche **Untersuchungen** sie erwarten können und welche Tests in einem Labor durchgeführt werden müssen. Er zeigt ihr auch auf, wie lange sie auf die Ergebnisse warten müssen und dass sie sich keine Sorgen machen muss. Hannah ist dankbar für die klaren Erklärungen des Arztes, die ihr helfen, die Situation besser zu verstehen.

Als Dr. Müller ihr rät, einige **Übungen** zur Stärkung ihrer Rückenmuskulatur zu machen und sich mehr zu bewegen, ist Hannah zunächst unsicher. Sie fühlt sich nicht sehr sportlich und hat Angst, sich zu verletzen. Doch Dr. Müller ermutigt sie, es langsam anzugehen und sich auf leichte Übungen zu konzentrieren. Er erklärt ihr auch, wie wichtig es ist, den Körper zu bewegen und wie es ihr helfen kann, ihre Schmerzen zu lindern.

Hannah fühlt sich gut aufgehoben bei Dr. Müller und ist erleichtert, dass sie endlich jemanden gefunden hat, der ihr helfen kann. Sie geht mit einem positiven Gefühl aus der Praxis und ist fest entschlossen, sich auch an die **Ratschläge** des Arztes zu halten. Sie plant bereits, sich nach einem Fitnessstudio in ihrer Nähe umzuschauen und ihren Körper generell mehr zu bewegen.

Nachdem die restlichen Untersuchungen abgeschlossen sind, begleitet die Krankenschwester Hannah zurück zum Empfang. Die Empfangsdame gibt ihr einen Zettel mit den vorläufigen Ergebnissen und einer Liste der Übungen, die Hannah jetzt regelmäßig durchführen soll. Unter anderem soll Hannah regelmäßig ihre Beine dehnen, ihre Bauch- und Rückenmuskulatur stärken, sowie etwas für ihre Ausdauer tun. Die Dame sagt ihr auch, dass sie in ein paar Tagen einen Anruf von Dr. Müller erhalten wird, um das weitere **Vorgehen** zu besprechen.

Ein paar Tage nach ihrem Arztbesuch klingelt Hannahs Telefon. Dr. Müller meldet sich und berichtet ihr die Ergebnisse der Untersuchungen. Er teilt ihr mit, dass die Rückenschmerzen durch ihre schlechte **Körperhaltung** und den Mangel an **Bewegung** verursacht wurden. Er betont jedoch, dass es nichts Ernstes ist und sie bald schmerzfrei sein wird, wenn sie regelmäßig die **empfohlenen** Übungen durchführt. Zur akuten Schmerzlinderung empfiehlt er ihr zusätzlich in der **Apotheke** einige Medikamente zu kaufen.

Hannah ist erleichtert, dass sie keine ernsthafte Erkrankung hat und sie sich schnell wieder erholen kann. Sie bedankt sich bei Dr. Müller für seine sorgfältige Untersuchung und Beratung, die ihr geholfen hat, ihre **Gesundheit** wieder in den Griff zu bekommen. Hannah beschließt, die Empfehlungen des Arztes mehr Sport zu treiben, in die Tat umzusetzen.

Zunächst geht sie jedoch in die Apotheke, um Schmerzmittel für ihre Rückenschmerzen zu kaufen. Die Apothekerin berät sie freundlich und gibt Hannah Tipps, wie die Medikamente am besten eingenommen werden sollen, um die Schmerzen zu lindern. Nachdem sie die Schmerzmittel gekauft hat, geht Hannah nach Hause und macht sich bereit für ihre ersten Übungen. Sie ist ein wenig nervös, aber sie erinnert sich an die Anweisungen von Dr. Müller und beginnt, die Übungen langsam und vorsichtig auszuführen. Es fühlt sich ungewohnt an, aber sie merkt schnell, dass ihre Muskeln sich lockern und sie sich besser fühlt. Hannah ist stolz auf sich selbst, dass sie sich um ihre Gesundheit kümmert, und wird die Übungen nun regelmäßig machen.

Zu Beginn fällt es Hannah schwer, die Übungen auszuführen, da sie ihre Rückenmuskulatur stark vernachlässigt hat. Doch sie gibt nicht auf und nimmt sich jeden Tag Zeit für die Übungen. Mit der Zeit merkt sie, wie ihre Muskeln stärker werden und ihre Rückenschmerzen allmählich abklingen. Sie ist froh, dass sie auf die Empfehlungen von Dr. Müller gehört hat und fühlt sich insgesamt fitter und gesünder. Hannah ist stolz auf sich selbst, dass sie sich um ihre Gesundheit kümmert, und wird die Übungen nun regelmäßig machen.

Hannah fühlt sich dank Dr. Müllers Empfehlungen motiviert und entschließt sich, regelmäßig zu Vorsorgeuntersuchungen zu gehen, um ihre Gesundheit zu erhalten und zukünftige gesundheitliche Probleme zu vermeiden. Sie erkennt, wie wichtig es ist, auf ihren Körper zu achten und rechtzeitig ärztliche Hilfe in Anspruch zu nehmen, um eventuelle gesundheitliche Probleme frühzeitig zu erkennen und zu behandeln.

Zusammenfassung

Hannah wacht mit Rückenschmerzen auf und beschließt, einen Arzt aufzusuchen. Sie findet eine Praxis, die sich auf Rückenschmerzen spezialisiert hat, und wird von freundlichem Personal empfangen. Der Arzt, Dr. Müller rät ihr, Übungen zur Stärkung ihrer Rückenmuskulatur zu machen und sich mehr zu bewegen, um ihre Schmerzen zu lindern. Die Schmerzen werden durch ihre Körperhaltung und den Mangel an Bewegung verursacht wurden und dass sie bald schmerzfrei sein wird, wenn sie die empfohlenen Übungen regelmäßig durchführt.

Hannah wakes up one morning with pain in her lower back. She visits a specialist who notes down her complaints and suggests some tests. The doctor diagnoses her pain as being caused by poor posture and lack of exercise, and advises her to perform some exercises regularly. After following the doctor's advice, she is free from pain.

Vokabeln

Schmerz: pain
Verspannung: tension
Arzt: doctor
Rückenschmerzen: backpain
Termin: appointment
Krankenschwester: nurse
Behandlungszimmer: doctors office
Beschwerden: medical condition
Untersuchungen: examination
Übungen: exercise
Ratschläge: recommendation

Vorgehen: procedure
Körperhaltung: posture
Bewegung: movement
Empfohlenen: recommended
Apotheke: pharmacy
Gesundheit: health

Fragen

1.   Was denkt Hannah anfänglich verursacht ihre Schmerzen?
a.   Verspannungen
b.   Sie hat schlecht geschlafen
c.   Schlechte Haltung
d.   Bewegungsmangel
e.   Sie weiß es nicht

2.   Wann geht Hannah zum Arzt?
a.   Am Selben Tag
b.   Am nächsten Tag
c.   An einem Dienstag
d.   In der nächsten Woche
e.   Hannah geht gar nicht zum Arzt

3.   Was wird Hannah NICHT beim Arzt empfohlen?
a.   Schmerzlindernde Medikamente
b.   Ihre Beine zu Dehnen
c.   Ihre Rückenmuskulatur aufzubauen
d.   Ihre Arme zu Trainieren
e.   Ausdauertraining zu machen

4.   Wodurch werden Hannahs Schmerzen laut Diagnose des Arztes ausgelöst?
a.   Schlechte Haltung und zu viel Bewegung
b.   Zu wenig Bewegung und zu viel Stress

c.   Schlechte Haltung und Stress

d.   Schlechte Haltung und zu wenig Bewegung

e.   Zu viel Bewegung und Stress

5.   Worauf ist Hannah stolz?

a.   Dass sie sich um ihre Gesundheit kümmert

b.   Dass sie die Übungen ausführen kann

c.   Dass sie selbständig beim Arzt angerufen hat

d.   Dass sie jetzt 5km am Stücke laufen kann

e.   Dass sie Liegestutze machen kann

Ein Tag auf dem Weihnachtsmarkt

Der 23. Dezember, der Tag vor **Weihnachten**, ist einer der geschäftigsten Tage auf dem Weihnachtsmarkt. Die Familie Winter ist entschlossen, das Beste aus diesem besonderen Tag zu machen und gemeinsam den Weihnachtsmarkt in der Stadt zu besuchen. Als sie den Platz erreichen, sind sie von der Weihnachtsatmosphäre sofort begeistert. Die Lichter und Dekorationen sind **atemberaubend** und die Stände mit bunten **Süßigkeiten**, Schmuck und n Weihnachtsdekorationen scheinen endlos zu sein. Die Gerüche von gebrannten Mandeln und Glühwein liegen in der Luft und sorgen für eine warme, gemütliche Atmosphäre.

Die Familie Winter beginnt langsam, sich durch die Menge zu bewegen, um alle Angebote zu erkunden. Die Kinder sind begeistert von den Spielen und Karussells, während die Erwachsenen nach Geschenken und Weihnachtsdekoration suchen. Die Familie bleibt immer zusammen und genießt die Zeit, die sie miteinander verbringt.

Während sie durch die Menge laufen, entdeckt die Mutter einen Stand, der handgefertigte **Kerzen** anbietet. Die Kerzen sind in verschiedenen Größen und Farben erhältlich und haben eine Vielzahl von Weihnachtsmotiven. "Schau mal, das ist ja wirklich schön", sagt die Mutter, als sie auf den Stand zeigt. "Sollten wir nicht ein paar Kerzen für das Weihnachtsessen kaufen?" "Ja, das ist eine großartige Idee", stimmt der Vater zu. "Und lass uns auch etwas von diesen leckeren gebrannten Mandeln probieren. Die riechen fantastisch!"

Die Familie setzt ihren Spaziergang fort und lauscht dabei der wunderbaren Musik, die von einer nahegelegenen Bühne erklingt. Sie können die Klänge von verschiedenen Instrumenten wie Gitarren und Schlagzeugen hören. Die Gruppe von Sängern, die auf der Bühne auftritt, singt weihnachtliche Lieder, die eine festliche Atmosphäre schaffen und die Menschen um sie herum in eine besondere **Stimmung** versetzen. "Das ist wirklich schön", sagt die älteste Tochter, während sie sich dem Konzert nähern. "Können wir hier ein bisschen stehen bleiben und zuhören?" "Natürlich", sagt die Mutter und die Familie beginnt, die wunderschönen Lieder zu genießen und singt gemeinsam mit den anderen Menschen, die sich um sie herum versammelt haben. Die Musik scheint alle zu verbinden und eine freudige Atmosphäre zu schaffen, die den Geist der Weihnachtszeit perfekt widerspiegelt.

Als das Konzert schließlich zu Ende geht, beschließt die Familie, ihren Spaziergang fortzusetzen und erkundet weiterhin die winterliche Weihnachtsmarkt-Atmosphäre. Schließlich stoßen sie auf einen Stand, an dem **Glühwein und Punsch** angeboten werden. Der Vater schlägt vor, dass sie einen Glühwein trinken sollten, und kauft daraufhin vier Tassen, zwei Becher Glühwein für die Erwachsenen und zwei Becher Punsch für die beiden Kinder. Die Familie hält ihre Hände an den heißen Bechern und schlendert weiter durch die festliche Umgebung.

Plötzlich fällt den Kindern ein, dass sie einen Weihnachtsmann gesehen haben. Als sie sich umsehen, erblicken sie ihn in der Nähe, in voller Kostümierung und mit einer riesigen roten Mütze. Die Kinder sind begeistert und rennen sofort zu ihm. "Ho, ho, ho", sagt der

Weihnachtsmann mit einem breiten Grinsen und übergibt jedem Kind ein kleines Geschenk. Die Kinder lachen und strahlen vor Freude, während sie ihr Geschenk bewundern und es stolz ihren Eltern zeigen.

Die jüngste Tochter ist besonders aufgeregt und hüpft vor Freude auf und ab. "Das war so lustig", sagt sie und zeigt auf ihr Geschenk, einen süßen Teddybär. Die Eltern schmunzeln und sind glücklich, ihre Kinder so glücklich zu sehen, während sie weiter durch den Weihnachtsmarkt schlendern und die Atmosphäre genießen.

Als sie sich umdrehen, sehen sie einen Stand, der handgefertigte Weihnachtsdekorationen verkauft. Die Familie geht hinein und bewundert die vielen bunten und funkelnden Stücke. "Ich denke, wir sollten etwas kaufen", sagt die Mutter und sucht nach etwas Passendem. Schließlich findet sie eine hübsche goldene Kugel und zeigt sie ihrer Familie. "Was denkt ihr?" "Perfekt", sagt der Vater und bezahlt für die Kugel.

Die Familie Winter setzt ihren Spaziergang auf dem Weihnachtsmarkt fort und beschließt, verschiedene Leckereien zu probieren. Sie verkosten **heiße Schokolade, Zimtsterne und Lebkuchen**, die die Luft mit ihren süßen Aromen füllen. Als sie weitergehen, entdecken sie ein prächtiges Karussell, das mit funkelnden Lichtern und dekorativen Pferden geschmückt ist.

Die jüngste Tochter sieht das Karussell und fängt an, vor **Begeisterung** zu hüpfen. "Können wir fahren, bitte?", fragt sie mit großen Augen. Der Vater ist glücklich, die Freude seiner Kinder zu sehen und kauft Tickets für die ganze Familie. Sie besteigen die Pferde des Karussells und warten darauf, dass es sich in Bewegung setzt. Das Karussell beginnt sich zu drehen und die Kinder lachen und schreien vor Freude, während sie auf und ab schaukeln. Die Eltern beobachten ihre Kinder, während das Karussell sich dreht und sind glücklich, diesen schönen Moment mit ihnen teilen zu können.

Als das Karussell schließlich stoppt, steigen sie ab und suchen nach einem guten Platz, um das **Feuerwerk** zu sehen. Sie finden eine perfekte Stelle und warten darauf, dass es beginnt. Die Familie ist aufgeregt und gespannt, als das Feuerwerk beginnt. Die bunten Lichter explodieren am Nachthimmel und es ist ein atemberaubendes Schauspiel. Alle applaudieren und staunen über die wunderschönen Farben und Formen, die sich am Himmel entfalten. Die Familie genießt gemeinsam den Moment und freut sich über die Magie der Feiertage.

Nach einem ereignisreichen Tag auf dem Weihnachtsmarkt machen sich die Winters auf den Heimweg. Die Kinder sind müde, aber glücklich und halten die Geschenke, die sie an diesem Tag bekommen haben, fest. Die Eltern halten sich an den Händen und genießen den Spaziergang durch die beleuchteten Straßen.

"Das war wirklich ein wunderschöner Tag", sagt die Mutter mit einem Lächeln. "Ich denke, das sollten wir jedes Jahr machen." "Ja, ich bin ganz deiner Meinung", sagt der Vater und drückt ihre Hand. "Es war so schön, zusammen zu sein und die Freude der Weihnachtszeit zu teilen." Die Kinder hören zu und nicken zustimmend. "Ja, bitte machen wir das jedes Jahr", sagt die älteste Tochter. "Es hat so viel Spaß gemacht!" Und so geht ein schöner Tag auf dem Weihnachtsmarkt zu Ende. Die Familie Winter kehrt nach Hause zurück, mit neuen Erinnerungen und einer unvergesslichen Erfahrung. Der Weihnachtsmarkt hat ihnen nicht nur schöne Erinnerungen, sondern auch das Gefühl von Gemeinschaft und

Freude gegeben, das Weihnachten ausmacht. Es war ein Tag, den sie nie vergessen werden, und eine **Tradition**, die sie sicherlich fortsetzen werden.

Zusammenfassung

Die Familie Winter besucht den Weihnachtsmarkt am Tag vor Weihnachten, auf dem ein reges Treiben herrscht. Sie genießen die festliche Atmosphäre mit Lichtern, Dekorationen und zahlreichen Ständen, die Weihnachtsschmuck, Süßigkeiten und Schmuck verkaufen. Die Familie erkundet den Markt gemeinsam, wobei die Kinder sich an den Spielen und Fahrgeschäften erfreuen, während die Erwachsenen nach Geschenken und Dekorationen suchen. Sie hören Musik von einer nahe gelegenen Bühne und singen gemeinsam mit anderen Menschen. Die Familie genießt auch heiße Getränke, probiert verschiedene Speisen und trifft den Weihnachtsmann, der den Kindern Geschenke macht. Am Ende kaufen sie einige handgefertigte Kerzen und eine goldene Kugel als Dekoration für ihr Weihnachtsessen. Die Familie genießt ihre gemeinsame Zeit und die festliche Atmosphäre auf dem Markt.

The Winter family visits the Christmas market on the day before Christmas, which is bustling with activity. They enjoy the festive atmosphere with lights, decorations, and numerous stalls selling Christmas decorations, sweets, and jewelry. The family explores the market together, with children enjoying the games and rides while the adults look for gifts and decorations. They listen to music from a nearby stage and enjoy singing along with other people. The family also enjoys hot drinks, tries different food, and meets Santa Claus, who gives the children gifts. They end up buying some handcrafted candles and a golden ball as a decoration for their Christmas dinner. The family enjoys their time together and the festive atmosphere at the market.

Vokabeln

Weihnachten: christmas

Atemberaubend: breathtaking

Süßigkeiten: sweets

Kerzen: candles

Stimmung: atmosphere

Glühwein: mulled wine

Punsch: punch (drink)

heiße Schokolade: hot chocolate

Zimtsterne: cinnamon star cookies

Lebkuchen: ginger bread

Begeisterung: excitement

Feuerwerk: fireworks

Fragen

1. Wonach riecht es auf dem Weihnachtsmarkt?
a. Nach gebrannten Mandeln und Punsch
b. Nach Punsch und Glühwein
c. Nach Glühwein und Kerzen
d. Nach Kerzen und gebrannten Mandeln
e. Nach gebrannten Mandeln und Glühwein

2. Was kauft die Mutter an dem ersten Stand?
a. Gebrannte Mandeln
b. Kerzen
c. Weihnachtsdekoration
d. Glühwein
e. Eine Christbaumkugel

3. Welches Geschenk hat die jüngste Tochter vom Weihnachtsmann bekommen?
a. Einen Teddybären
b. Eine Tüte Süßigkeiten
c. Eine Christbaumkugel
d. Ein Spielzeug
e. Eine Karussellfahrt

4. Was für Süßigkeiten hat Familie Winter auf dem Weihnachtsmarkt probiert?
a. Heiße Schokolade, Zimtsterne und Lebkuchen
b. Zimtsterne und Crêpe
c. Heiße Schokolade und Lebkuchen
d. Gebrannte Mandeln und Crêpe
e. Heiße Schokolade und Schokofrüchte

5. Was entscheidet die Familie am Ende des Tages?

a.   Sie wollen den Weihnachtsmarkt nie wieder besuchen

b.   Sie fahren noch eine Runde auf dem Karussell

c.   Sie kommen morgen wieder

d.   Sie wollen den Besuch zu einer jährlichen Tradition machen

e.   Sie wollen noch einen Punsch trinken.

Die Fahrradtour

Es ist ein wunderschöner Tag im Spätsommer. Der Tag ist wie für eine **Fahrradtour** gemacht. Die Sonne scheint warm auf die Haut, ein sanfter Wind bringt eine erfrischende **Brise** in die Luft, die Vögel zwitschern fröhlich in den Bäumen und es riecht nach frischem Gras und blühenden Blumen. Für Emma und Tom gibt es nichts Schöneres, als an einem solchen Tag mit ihren Fahrrädern in die Natur zu fahren und die Schönheit der Umgebung zu genießen. Tom holt ihre Fahrräder aus dem Keller, während Emma noch ein paar Snacks für die Fahrt einpackt. Die beiden sind sehr motiviert und machen sich früh am Morgen auf den Weg.

Tom schaut seine Freundin an und fragt: "Wo soll es denn heute hingehen?" Emma überlegt einen Moment und antwortet dann: "Was hältst du von einer Tour durch den **Wald**? Er liegt circa eine Stunde außerhalb von München und wir können den ganzen Tag dort verbringen" Tom nickt begeistert: "Perfekt, ich liebe den Wald. Lass uns losfahren!" Er steigt auf sein Fahrrad und beginnt, in die **Pedale** zu treten. Emma folgt ihm und bald sind sie auf dem Weg in Richtung Wald.

Während sie durch die Stadt fahren, ist die Umgebung noch voller Lärm und Hektik, aber je weiter sie kommen, desto ruhiger wird es. Die Autos werden weniger und bald sind sie auf einer ruhigen Straße, umgeben von Feldern und Wäldern. Der Duft von frisch gemähtem Gras und wilden Blumen umgibt sie und das Geräusch ihrer Fahrräder auf dem Asphalt ist das Einzige, was die beiden noch hören.

Als sie an einer Wiese vorbeifahren, sieht Emma eine Gruppe von Kühen und zeigt begeistert darauf: "Schau mal, Tom, da sind Kühe! Ich liebe Kühe." Tom lacht und warnt sie: "Ja, die sind echt süß. Aber pass auf, dass sie dich nicht anspringen."

Die beiden lachen und setzen ihre Fahrt fort. Sie fahren an einem **Fluss** entlang, bis sie eine kleine **Brücke** erreichen. Auf der anderen Seite des Flusses sehen sie ein Schild mit der Aufschrift "Kuchen und Kaffee". "Tom, schau mal! Das ist doch perfekt für eine kleine Pause", sagt Emma und zeigt auf das Schild. "Ja, das klingt gut. Lass uns rüberfahren", antwortet Tom.

Sie überqueren die Brücke, die über den Fluss führt und folgen einem kleinen Weg, der sie zu einem idyllischen Café führt. Die Sonne scheint auf den Garten, in dem viele Tische und Stühle stehen. Die Luft duftet nach frischem Kaffee und Kuchen. Als sie ankommen setzen sich an einen der Tische im Garten. Die beiden bestellen einen Kaffee und Himbeertorte für Emma und ein Eis für Tom. Sie genießen ihre **Stärkung** und ruhen sich ein wenig von der bisherigen Tour aus. Sie nutzen den Moment und sprechen über ihre Pläne für den Rest des Tages.

"Wie wäre es, wenn wir noch weiter in den Wald fahren?", schlägt Emma vor. "Es gibt dort einen wunderschönen See, den ich gerne sehen würde." "Klingt gut. Lass uns weiterfahren", antwortet Tom. Sie trinken ihren Kaffee aus, packen ihre Rucksäcke zusammen und machen sich mit ihren Fahrrädern wieder auf den Weg.

Sie fahren durch den Wald, umgeben von Bäumen und allen möglichen Tieren. Emma sieht sogar ein Reh, das zwischen den Bäumen steht. Die Sonne scheint durch das Blätterdach und es ist angenehm kühl. Die Luft riecht nach **Holz** und feuchtem **Moos**. Bald erreichen sie den See. Die Fahrt durch den Wald war **anstrengend** und die beiden **schwitzen** und atmen schwer.

Der See liegt im **Sonnenlicht** und sieht wunderschön aus. Er ist blau und sehr tief. Außer Emma und Tom sind keine anderen Personen in der Nähe. "Hey, was hältst du davon, wenn wir noch zum Abkühlen im See schwimmen gehen?", fragt Emma Tom mit einem breiten Grinsen im Gesicht. Tom überlegt nicht lange und ist sofort begeistert von der Idee. "Das klingt großartig! Lass uns schwimmen gehen", sagt er und zieht sich schnell aus.

Emma folgt seinem Beispiel und schon bald schwimmen die beiden im klaren Wasser des Sees. Sie schwimmen im erfrischenden Wasser und **tauchen** abwechselnd unter. Es ist ein unbeschreibliches Gefühl, im See zu schwimmen und die warme Sonne auf der Haut zu spüren.

"Das war eine großartige Idee von dir, Emma. Ich fühle mich wie neu geboren", sagt Tom, als sie zurück an den Strand schwimmen. "Ja, das war wirklich toll. Ich könnte den ganzen Tag hierbleiben", sagt Emma. Die beiden trocknen sich ab und ziehen sich wieder an, bevor sie ihre Fahrräder nehmen und weiterfahren.

Als sie auf dem Rückweg durch eine **holprige** Straße fahren, hört Emma plötzlich ein lautes **Zischen**. Sie ahnt sofort, dass etwas nicht stimmt und hält an, um ihre **Reifen** zu überprüfen. Ein schneller Blick bestätigt ihre Befürchtungen - sie hat einen **Platten**.

"Oh nein, das ist nicht gut", sagt Emma voller Sorge. Tom hält ebenfalls an und schaut sich das Rad an. "Keine Sorge, ich habe ein **Flickzeug** dabei. Wir bekommen das hin", sagt er beruhigend. Gemeinsam reparieren sie den platten Reifen und setzen ihre Fahrt fort. Obwohl sie etwas Zeit verloren haben, sind sie weiter motiviert und zuversichtlich. Für Emma und Tom ist es Teil des Abenteuers und sie nehmen es mit Humor. "Ich glaube, das macht die Tour noch spannender", sagt Emma lachend. "Ja, das stimmt. Wir haben jetzt eine tolle Geschichte zu erzählen", sagt Tom mit einem Lächeln.

Auf dem Rückweg nach Hause durchqueren Emma und Tom ein kleines Dorf und beschließen, eine kurze Pause einzulegen und durch die Straßen zu schlendern. Dabei entdecken sie ein kleines, traditionelles Restaurant und können nicht widerstehen, die lokale Küche auszuprobieren.

Als Emma und Tom sich setzen, werden sie von der freundlichen Bedienung begrüßt und erhalten die **Speisekarte**. Emma entscheidet sich für Käsespätzle", während Tom "Schweinshaxe mit Kartoffelsalat" bestellt. Als das Essen kommt, duftet es verlockend. Während sie essen, hören sie sich die traditionelle Volksmusik im Hintergrund an fühlen sich wie in einer anderen Welt.

Obwohl sie eine kleine **Panne** hatten, haben Emma und Tom den Tag genossen und sind zufrieden mit ihrer Fahrradtour. Sie haben die schöne Landschaft, Kaffee und Kuchen und das Schwimmen im See sehr genossen. "Das war ein toller Tag", sagt Emma. "Ich freue mich schon auf die nächste Fahrradtour."

Zusammenfassung

Emma und Tom genießen einen schönen Spätsommertag bei einer Fahrradtour durch die Landschaft. Sie radeln durch die Stadt und dann durch Felder und Wälder und genießen die ruhige Umgebung. Sie halten an einem Café für eine Kaffee- und Kuchenpause und setzen dann ihre Radtour fort, um einen schönen See im Wald zu erreichen. Sie beschließen, ein Bad im See zu nehmen und sich zu erfrischen. Beide sind sich einig, dass es eine gute Idee war, eine Radtour zu machen und Zeit in der Natur zu verbringen.

Emma and Tom enjoy a beautiful late summer day by taking a bike tour through the countryside. They cycle through the city and then pass through fields and forests, enjoying the quiet surroundings. They stop at a cafe for a coffee and cake break and then continue their bike tour to reach a beautiful lake in the forest. They decide to take a swim in the lake and feel refreshed. They both agree that it was a great idea to take a bike tour and spend time in nature.

Vokabeln

Fahrradtour: bicycle tour
Brise: breeze
Wald: forest
Pedale: foot pedal
Fluss: river
Brücke: bridge
Stärkung: refreshment
Holz: wood
Moos: moss

Anstrengend: exhausting

Schwitzen: to sweat

Sonnenlicht: sunlight

Tauchen: to dive

Holprige: bumpy

Zischen: whiz

Reifen: wheel

Platten: flat tire

Flickzeug: repair kit

Speisekarte: menu

Panne: breakdown

Fragen

1.   In welcher Stadt wohnen Emma und Tom?

a.   Berlin

b.   München

c.   Köln

d.   Hamburg

e.   Stuttgart

2.   Welche Tiere sieht Emma während ihrer Radtour?

a.   Hasen und Schafe

b.   Schafe und Rehe

c.   Rehe und Kühe

d.   Kühe und Hasen

e.   Hasen und Rehe

3.   Wo führt der Weg zum Café vorbei?

a.   An einer vielbefahrenen Autobahn

b.   Über eine Brücke über einen kleinen Fluss

c.   Über eine Wiese

d.   Auf einen Berg

e.   Durch ein Dorf

4.   Was essen Emma und Tom im Café?
a.   Eis und Himbeertorte
b.   Eis und Erdbeertorte
c.   Erdbeertorte und Tiramisu
d.   Tiramisu und Eis
e.   Käsespätzle und Schweinshaxe

5.   Womit repariert Tom Emmas Reifen?
a.   Nadel und Faden
b.   Flickzeug
c.   Er montiert einen neuen Reifen
d.   Schaum
e.   Ein Pflaster

Eine Wanderung in den Bergen

Es ist ein sonniger Morgen und die Vögel zwitschern fröhlich. Eine Gruppe von fünf Freunden – Lisa, Max, Anna, Jonas und Tim – bereiten sich auf eine **Wanderung** in den Bergen vor. Sie haben sich für den Tag viel vorgenommen und sind alle voller Vorfreude auf das Abenteuer.

Lisa, die gerne plant und organisiert, hat für alle Proviant, Wasserflaschen und **Sonnenschutz** eingepackt. Max hat sein Equipment für das **Klettern** dabei, falls sich die Gelegenheit ergibt, während Anna eine Kamera dabei hat, um die Schönheit der Berge und besondere Momente während der Wanderung einzufangen. Jonas und Tim haben ihre Rucksäcke voll mit Campingausrüstung für die **Übernachtung**.

Sie starten früh am Morgen und steigen langsam den Berg hinauf. Die Luft ist frisch und sauber und das Grün der Bäume und Sträucher ist so satt, dass es fast unrealistisch aussieht. Sie hören das Rauschen des Wassers, als sie an einem Bach vorbeikommen und halten an, um ihre Flaschen mit Wasser aufzufüllen.

Die Wanderer erreichen schließlich eine **Lichtung**, die von der Sonne beleuchtet wird. Sie nehmen ihre Rucksäcke ab und lassen sich auf dem grünen Gras nieder. Lisa holt aus ihrem Rucksack eine Auswahl an Snacks hervor: Äpfel, Bananen, Nüsse und Schokolade. Die Gruppe bedient sich und beißt genüsslich in die leckeren Snacks. Sie genießen die Pause und den Blick auf die umliegenden Berge, die majestätisch in der Ferne aufragen.

Nach ein paar Minuten des Ausruhens macht Lisa darauf aufmerksam, dass es Zeit ist, weiterzugehen. Der Weg wird steiler und schwieriger zu bewältigen. Einige der Wanderer scheinen ein wenig entmutigt und atmen schwer. Lisa übernimmt die Führung und ermutigt die Gruppe, sich gegenseitig zu **unterstützen** und sich auf die Wanderung zu konzentrieren. Sie erzählt von ihren eigenen Erfahrungen auf anderen Wanderungen und wie sie schwierige Situationen gemeistert hat. Sie spricht darüber, wie sie gelernt hat, dass es wichtig ist, sich auf die Unterstützung der Gruppe zu verlassen, um schwierige Herausforderungen zu meistern.

Die Gruppe hatte einen langen und anstrengenden Aufstieg hinter sich, als sie schließlich den **Gipfel** erreichen. Die Anstrengungen haben sich jedoch gelohnt, als sie die atemberaubende **Aussicht** genießen können. Die Berge, die sie umgeben, erstrecken sich in alle Richtungen und erstrecken sich bis zum Horizont. Die Luft auf dem Gipfel ist klar und erfrischend, und die Sonnenstrahlen wärmen ihre Gesichter. Die Gruppe setzt sich auf einen Felsen und lässt ihre Blicke über die Landschaft schweifen, während sie sich in dem Moment verlieren. Die Stille wird nur vom Rauschen des Windes und dem Gezwitscher der Vögel unterbrochen.

Anna packt ihre Kamera aus und beginnt, Fotos von der **Landschaft** zu machen. Max und Tim beschließen, ein kleines Kletterabenteuer zu unternehmen und klettern auf einen benachbarten Felsen.

Nach einer Weile verlassen die fünf den Gipfel und wandern den Berg wieder ein Stück hinunter. Sie sind müde von der langen Wanderung und freuen sich darauf, ihr **Lager** aufzuschlagen und sich auszuruhen. Als sie schließlich eine Lichtung erreichen, beginnen sie sofort mit dem Aufbau des Lagers. Lisa und Anna kümmern sich um das Zelt, während Max und Tim Holz für das Feuer sammeln. Jonas packt seine Gitarre aus, um später am Feuer Musik zu machen.

Als das Lager aufgebaut ist, setzen sie sich um das Feuer und sprechen über ihre Träume für die Zukunft. Lisa erzählt von ihrem Plan, im nächsten Jahr um die Welt zu reisen und verschiedene Kulturen kennenzulernen. Jonas erzählt von seinem Wunsch, Musik zu machen und irgendwann eine eigene Band zu gründen. Die Gruppe hört aufmerksam zu und unterstützt sich gegenseitig in ihren Träumen.

Nach dem Abendessen genießen sie die Wärme des Feuers und beobachten, wie **die Sterne** am Himmel zum Vorschein kommen. Sie spüren die frische Luft und hören das Knistern des Holzes, das langsam zu Glut wird. Die Gruppe lacht und erzählt sich Witze, und dann holt Jonas seine Gitarre und stimmt ein paar Lieder an. Der Rest der Gruppe singt mit und alle genießen den gemeinsamen Moment genießen.

Irgendwann beschließen sie, schlafen zu gehen, da sie am nächsten Morgen früh aufstehen müssen, um den **Sonnenaufgang** zu sehen. Sie kriechen in ihre **Schlafsäcke** und hören das Geräusch des Windes in den Blättern der Bäume. Bald schlafen sie alle tief und fest.

Am frühen Morgen wird die Gruppe von einem hellen Licht geweckt. Sie öffnen ihre Zelte und sehen, wie die Sonne langsam über den Bergen aufgeht. Die Landschaft wird von goldenem Licht durchflutet und alle sind von der Schönheit des Augenblicks überwältigt.

Sie packen ihr Lager zusammen und machen sich auf den Weg zurück zum Ausgangspunkt der Wanderung. Der Weg ist leichter als gestern und sie unterhalten sich miteinander und genießen die letzten Stunden in den Bergen.

Plötzlich hören sie ein **Rascheln im Gebüsch**. Alle bleiben stehen und lauschen. Es ist ein Tier, das sich nähert. Lisa, die die Gruppe führt, hält die anderen an, leise zu sein und sich zu verstecken. Sie können sehen, wie eine Gruppe Rehe aus dem Wald kommt und langsam auf sie zuläuft. Die Tiere sehen und schnuppern in ihre Richtung. Die Gruppe ist fasziniert von dem Anblick und verharrt still. Nach ein paar Augenblicken drehen sich die Rehe um und verschwinden wieder im Wald. Die Gruppe ist fasziniert von der Begegnung und alle können es kaum glauben, dass sie so viele wilde Tier aus der Nähe gesehen haben. Gut gelaunt setzen sie ihre Wanderung fort und tauschen ihre Beobachtungen aus, während sie sich auf den Rückweg machen.

Schließlich erreichen sie den Parkplatz, wo sie ihr Auto geparkt haben. Sie laden ihre Sachen in den **Kofferraum** und setzen sich ins Auto. Auf dem Rückweg reden sie über ihre Erlebnisse und wie sie sich in den Bergen gefühlt haben.

Als sie schließlich zu Hause ankommen, sind sie müde, aber glücklich. Sie verabschieden sich voneinander und verabreden sich bald wieder eine gemeinsame Wanderung zu machen.

Zusammenfassung

Fünf Freunde machen einen Wanderausflug in die Berge. Lisa ist die Organisatorin und hat Essen und Wasser für die Gruppe eingepackt, Max hat eine Kletterausrüstung, Anna eine Kamera und Jonas und Tim eine Campingausrüstung mitgebracht. Sie genießen die Landschaft und machen eine Pause, um etwas zu essen. Lisa ermutigt die Gruppe zum Weitermachen und erinnert sie daran, wie wichtig es ist, sich bei der Bewältigung von Herausforderungen aufeinander zu verlassen. Sie erreichen den Gipfel und genießen die atemberaubende Aussicht. Sie schlagen ihr Lager auf, machen ein Feuer, tauschen ihre Zukunftsträume aus und singen und musizieren am Lagerfeuer. Sie gehen schlafen, um am nächsten Tag früh für den Sonnenaufgang aufzuwachen.

Five friends go on a hiking trip in the mountains. Lisa is the organizer who packed food and water for the group, Max brought climbing equipment, Anna brought a camera, and Jonas and Tim brought camping gear. They enjoy the scenery and take a break to have snacks. Lisa encourages the group to keep going, reminding them of the importance of relying on each other to overcome challenges. They reach the summit and enjoy the breathtaking view. They set up camp, make a fire, share their dreams for the future, and sing and play music around the campfire. They go to sleep to wake up early for the sunrise the next day.

Vokabeln

Wanderung: hike

Sonnenschutz: sunscreen

Klettern: climbing

Übernachtung: overnight stay

Unterstützen: to support

Gipfel: mountain top

Aussicht: view

Landschaft: landscape

Lager: camp

Sterne: stars

Sonnenaufgang: sunrise

Schlafsäcke: sleeping bags

Rascheln: rustling

Gebüsch: boscage

Kofferraum: trunk

Fragen

1.   Was haben Jonas und Tim in ihren Rucksäcken?

a.   Proviant für die Wanderung

b.   Eine Kamera

c.   Kletterausrüstung

d.   Campingausrüstung

e.   Dosenravioli

2.   Warum führt Lisa die Gruppe an?

a.   Weil sie viel Erfahrung beim Wandern hat

b.   Weil sie Motivationstrainerin ist

c.   Weil die anderen sie gewählt haben

d.   Weil sie gerne plant und organisiert

e.   Weil sie um die Welt reisen möchte

3. **Was möchte Jonas gerne in Zukunft machen?**
a. Um die Welt reisen
b. Neue Kulturen kennenlernen
c. Eine Band gründen
d. Klettern gehen
e. Bergführer werden

4. **Wofür steht die Gruppe am Morgen früh auf?**
a. Um eine Gruppe Rehe zu beobachten
b. Um den Sonnenaufgang zu sehen
c. Um klettern zu gehen
d. Um den Sonnenuntergang zu sehen
e. Um pünktlich Zuhause zu sein

5. **Welches Tier sieht die Gruppe auf dem Abstieg?**
a. Berggämse
b. Ziegen
c. Rehe
d. Wölfe
e. Vögel

Der Konzertbesuch

Es ist Samstagabend und Sarah steht aufgeregt in der **Schlange** vor der Konzerthalle. Sie hat seit Wochen darauf hin gefiebert, endlich ihr Lieblingsband live zu erleben. Die Band spielt Indie Rock und heißt "Echoes in the Attic". Sarah hat ihr Ticket schon vor Monaten gekauft und nach langem Warten ist es heute endlich soweit.

Sarah blickt umher und sieht, dass sie nicht die Einzige ist, die sich auf das Konzert freut. Sie sieht viele andere Fans, die genauso aufgeregt sind wie sie. Einige tragen T-Shirts mit dem Bandlogo, andere haben **Plakate** und **Banner** dabei.

Als die Türen der Halle endlich aufgehen, laufen die Fans schnell hinein. Sarah spürt die **Aufregung** in der Luft, als sie sich ihren Platz sucht. Sie hat Glück und ergattert einen Platz in der zweiten Reihe. Sie kann es kaum erwarten, dass das Konzert beginnt.

Während sie auf die Bühne schaut, hört sie eine Stimme neben sich: "Hey, hast du auch so lange auf das Konzert gewartet?" Sie dreht sich um und sieht einen jungen Mann, der ihr neben ihr steht. "Ja, ich kann es kaum erwarten, dass es losgeht", antwortet Sarah mit einem Lächeln.

"Mein Name ist Tom", stellt er sich vor. "Sarah", erwidert sie und reicht ihm die Hand. Die beiden kommen schnell ins **Gespräch** und stellen fest, dass sie viele gemeinsame Interessen haben.

Als das Licht in der Halle ausgeht und die Musik beginnt, spürt Sarah, wie ihre Aufregung steigt. Sie und Tom schreien gemeinsam, als die Band die Bühne betritt. Die Musik ist so laut, dass sie die Wände der Halle zu vibrieren scheinen lässt.

Die Band beginnt mit ihrem bekanntesten Song und Sarah singt laut mit. Sie spürt die Energie der Musik und das Adrenalin durch ihren Körper fließen. Tom tanzt neben ihr und sie fühlt sich, als ob sie alles um sich herum vergessen könnte.

Während des Konzerts wechseln sich schnelle und langsame Songs ab. Sarah und Tom klatschen und tanzen bei jedem Song mit. Die Musik und Lichtshow machen das Konzert zu einem unvergesslichen Erlebnis.

Als die Band ihre letzte **Zugabe** spielt, möchte niemand, dass das Konzert endet. Viele der Fans um Sarah und Tom klatschen und schreien "Zugabe!".

Die Band kommt zurück auf die Bühne und spielt noch einen weiteren Song. Sarah und Tom klatschen und tanzen weiter. Als das Konzert endgültig vorbei ist, fühlen sich die beiden euphorisch.

"Wie hat es dir gefallen?" fragt Tom Sarah, als sie sich auf dem Weg zum Ausgang machen. "Es war unglaublich", antwortet Sarah. "Ich bin so froh, dass ich hier war und dass ich es mit dir teilen konnte."

Tom lächelt und streckt seine Hand aus, um Sarah zum Abschied die Hand zu geben. "Ich bin auch froh, dass wir uns kennengelernt haben", sagt er. "Es war wirklich cool, das Konzert mit dir zu erleben. Wir sollten uns wiedersehen und vielleicht bei einem anderen Konzert wieder zusammen feiern." Sarah nickt zustimmend und erwidert Toms Lächeln. Sie spürt, dass sie eine **Verbindung** zu ihm hat und freut sich auf die Möglichkeit, ihn wiederzusehen.

Sie tauschen Nummern aus und Sarah speichert Toms Kontakt in ihrem Telefon. Als sie sich voneinander verabschieden, fühlt Sarah ein Gefühl der Aufregung und der Vorfreude auf das nächste Konzert, das sie gemeinsam besuchen könnten.

Sarah verlässt die Konzerthalle mit einem breiten **Grinsen** im Gesicht und einem wunderbaren Gefühl im Bauch. Das Konzert hat ihre Erwartungen übertroffen und sie hat nicht nur ihre Lieblingsband live erlebt, sondern auch jemanden kennengelernt, mit dem sie gemeinsam die Musik genießen konnte.

Auf dem Weg nach Hause ruft Sarah ihre beste Freundin an, um ihr von dem Konzert zu erzählen. Sie schwärmt von der Musik, der Stimmung und von Tom, dem netten Typen, den sie kennengelernt hat. Sarahs Freundin hört ihr aufgeregt zu und will mehr über Tom wissen.

In den nächsten Wochen hört Sarah die Musik der Band immer wieder und erinnert sich an die Aufregung und das Glücksgefühl, das sie während des Konzerts gespürt hat. Sie schaut sich Fotos und Videos an, die sie während des Konzerts aufgenommen hat, und lächelt bei dem Gedanken an die Erinnerungen.

Zwei Wochen nach dem Konzert, während Sarah in ihrem Büro arbeitet, vibriert ihr Telefon und sie sieht eine Nachricht von Tom. Ihr **Herzschlag** beschleunigt sich, als sie seine Worte liest. "Hey Sarah, wie geht's? Ich habe Karten für das nächste Konzert von „Echoes in the Attic" und frage mich, ob du mitkommen möchtest. Ich erinnere mich, wie viel **Spaß** wir beim letzten Konzert hatten und würde dich gerne einladen." Sarah kann ihr Glück kaum fassen und lächelt, während sie antwortet: "Klar, das hört sich fantastisch an! Ich kann es kaum erwarten, wieder mit dir und ein Konzert unserer Lieblingsband zu besuchen."

In den nächsten Tagen freut sich Sarah auf das bevorstehende Konzert und den Gedanken, Tom wiederzusehen. Schon Tage vorher überlegt sie zusammen mit ihrer besten Freundin, was sie zum Konzert anziehen soll. Als der Tag endlich kommt, kleidet sie sich sorgfältig an und macht sich auf den Weg zur Konzerthalle. Sarah ist sehr aufgeregt Tom wiederzusehen.

Als sie ankommt, sieht sie Tom schon von weitem winken und freut sich, ihn wiederzusehen. Die beiden umarmen sich herzlich und machen sich auf den Weg zum Eingang. Der Soundcheck ist bereits im Gange, und Sarah kann den Rhythmus der Musik spüren, der durch die Halle schallt.

Das Konzert beginnt und Sarah und Tom stehen in der Menge, während die Band die Bühne betritt und die ersten Noten des Eröffnungssongs erklingen. Die Fans jubeln und klatschen, und Sarah kann spüren, wie die Energie und Begeisterung in der Halle ansteigen.

Während der Show genießen Sarah und Tom die gemeinsame Zeit und singen zusammen mit den anderen Fans die bekannten Texte der Songs. Nachdem das Konzert beendet ist, verlassen sie die Halle und unterhalten sich noch eine Weile darüber, wie toll es war. Tom lächelt und sagt: "Ich freue mich, dass du mitgekommen bist, Sarah. Ich denke, wir sollten öfter zusammen auf Konzerte gehen." Sarah lächelt und nickt. Sie kann sich gut vorstellen mit Tom in Zukunft noch mehr Zeit zu verbringen.

Zusammenfassung

Sarah freut sich darauf, ihre Lieblingsband, Echoes in the Attic, endlich live zu sehen. Sarah lernt Tom kennen, und die beiden verstehen sich auf Anhieb und genießen das Konzert gemeinsam. Die Band spielt ihre bekanntesten Songs und die Fans singen und tanzen mit. Sarah und Tom tauschen Nummern aus und verabreden sich zu einem weiteren gemeinsamen Konzertbesuch. Später erzählt sie ihrer Freundin von Tom und dem Konzert und hört sich weiterhin die Musik der Band an und schwelgt in Erinnerungen an das Erlebnis.

Sarah is excited to finally see her favorite band, Echoes in the Attic, live in concert. Sarah meets Tom and they quickly hit it off, enjoying the concert together. The band plays their most famous songs and the fans sing and dance along. Sarah and Tom exchange numbers and make plans to attend another concert together. She later tells her friend about Tom and the concert and continues to listen to the band's music and reminisce about the experience.

Vokabeln

Schlange: cue (literally: snake)

Plakate: banner/poster

Aufregung: excitement

Gespräch: conversation

Zugabe: encore

Verbindung: connection

Grinsen: grin

Herzschlag: heartbeat

Spaß: fun

Fragen

1. Welche Musikrichtung spielen „Echoes in the Attic"
a. Indie Pop
b. Popmusik
c. Rockmusik
d. Hip-Hop
e. Indie Rock

2. Wie spricht Tom Sarah zu Beginn an?
a. Er fragt, ob sie ein Bier möchte
b. Er fragt, ob sie allein hier ist
c. Er fragt, ob sie lange auf das Konzert gewartet hat
d. Er rempelt sie aus Versehen an
e. Sarah spricht Tom an

3. Wen ruft Sarah nach dem Konzert an?
a. Ihre Mutter
b. Ihren Bruder
c. Ihren Besten Freund
d. Ihre beste Freundin
e. Ihre Schwester

4. Wann meldet sich Tom wieder bei Sarah
a. Noch am selben Abend
b. Am nächsten Tag
c. Eine Woche später
d. Zwei Wochen später
e. Tom meldet sich nicht bei Sarah

5. Welche Pläne machen Sarah und Tom am Ende des zweiten Konzerts?
a. Mehr Konzerte zu besuchen
b. In den Urlaub zu fahren
c. Einen Kaffee zu trinken

d.   Zusammen feiern zu gehen
e.   Ins Kino zu gehen

Die Klimademonstration

Es ist ein sonniger Samstagmorgen in der Stadt und es herrscht eine spürbare Aufregung in der Luft. Menschen jeden Alters und aus allen **Gesellschaftsschichten** strömen in die Innenstadt, um an der **Klimademonstration** teilzunehmen. Die Stimmung ist positiv und voller Energie. Jeder, der an der Demo teilnimmt, weiß, dass er Teil einer wichtigen Bewegung ist, die sich für eine bessere Zukunft einsetzt.

Auch Lisa macht sich auf den Weg zur Klimademo. Sie ist schon seit Wochen aufgeregt und freut sich darauf, sich mit anderen Menschen für den **Klimaschutz** einzusetzen. Ihre Eltern haben ihr erlaubt, alleine hinzufahren, solange sie vorsichtig ist und immer auf ihre Sachen aufpasst. Lisa verspricht es und macht sich auf den Weg.

Als sie am Treffpunkt in der **Innenstadt** ankommt, ist sie überrascht, wie viele Menschen bereits da sind. Es sind junge und alte Menschen, Familien mit Kindern, Studenten und Rentner, die alle für dasselbe Ziel zusammenkommen. Lisa fühlt sich inspiriert und entschlossen, sich für eine bessere **Zukunft** zu engagieren.

Die Demonstranten versammeln sich auf dem Platz vor dem **Rathaus**. Dort haben sich bereits Dutzende von Menschen versammelt, die Transparente und Schilder mit aufgedruckten Slogans tragen. Ein junger Mann mit einer Gitarre singt Lieder über den **Klimawandel** und die Bedeutung von **Umweltschutz**. Kinder laufen fröhlich umher und spielen miteinander, während ihre Eltern sich in Gesprächen über Umweltprobleme und Lösungen vertiefen.

Als sich die Menschenmenge immer mehr verdichtet, beginnt eine Frau mit einem Megafon zu sprechen. Sie fordert die Menschen auf, sich aufzustellen und gemeinsam laut zu rufen: "Wir wollen eine bessere Welt! Wir wollen Klimaschutz!" Die Menge antwortet enthusiastisch und es entsteht ein Chor aus tausenden von Stimmen, der durch die Stadt hallt.

Plötzlich bewegt sich die **Menschenmenge**, als die Demonstranten beginnen, sich in eine lange Parade zu verwandeln. Sie marschieren durch die Straßen und singen Lieder über die Notwendigkeit von Klimaschutz. Die Schilder und Banner wehen im Wind und zeigen Slogans wie "Stoppt den Klimawandel", "Rettet unseren Planeten" "Jetzt handeln für die Zukunft" und "Klimaschutz jetzt!".

Während des Marsches bleiben die Demonstranten nicht unbemerkt. Viele **Passanten** bleiben stehen, um sich die Demo anzusehen. Einige von ihnen schließen sich sogar spontan an. Die Teilnehmer sind bunt gemischt: junge Menschen, Studenten, Eltern mit ihren Kindern, Rentner, Geschäftsleute und sogar Politiker sind dabei. Es ist ein eindrucksvolles Bild der Einheit und Solidarität.

Ein älterer Mann im **Rollstuhl** nimmt an der Demo teil und hält ein Schild hoch, auf dem steht: "Ich bin 85 Jahre alt und kämpfe immer noch für eine bessere Welt". Die Teilnehmer um ihn herum klatschen und rufen ihm zu: "Wir stehen zusammen!"

Auch eine junge Familie mit kleinen Kindern ist bei der Klimademo dabei. Die Eltern haben Schilder gebastelt, auf denen steht: "Wir demonstrieren für die Zukunft unserer Kinder" und "Wir wollen, dass unsere Kinder eine gesunde und saubere Welt erleben können". Die Kinder haben bunte Plakate gemalt, auf denen Tiere und Pflanzen abgebildet sind. Während sie durch die Straßen ziehen, fragt das jüngste Kind immer wieder neugierig: "Warum sind wir hier, Mama?" Die Mutter antwortet geduldig: "Wir wollen, dass es unserer Umwelt besser geht und dass die Tiere und Pflanzen gesund bleiben. So können wir auch in Zukunft eine schöne Welt haben." Die Familie wird von vielen anderen Demonstranten ermutigt und gelobt, dass sie ihre Kinder auf eine so wichtige und positive Art und Weise in die Bewegung einbeziehen.

Inzwischen ist die Klimademo in vollem Gange. Die Menschenmenge bewegt sich durch die Straßen und skandiert lautstark ihre Forderungen nach mehr Klimaschutz und **Nachhaltigkeit.** Es gibt verschiedene Gruppen, die sich untereinander austauschen und diskutieren, wie man gemeinsam für eine bessere Zukunft kämpfen kann. Einige tragen selbstgemachte Schilder mit kreativen Sprüchen und Zeichnungen, andere haben sich in bunte Kostüme gekleidet und tanzen durch die Straßen. Es ist eine bunte und lebendige Demonstration, die zeigt, dass die Menschen bereit sind, für ihre Überzeugungen einzustehen.

Während der Demo spricht Lisa mit einigen anderen Teilnehmern. Sie erfährt, dass es viele verschiedene Gründe gibt, warum die Menschen hier sind. Einige wollen gegen den **Kohleabbau** demonstrieren, andere gegen die **Zerstörung der Regenwälder** oder den Einsatz von Pestiziden in der Landwirtschaft. Aber alle haben eine gemeinsame Vision: eine Welt, in der der Klimaschutz Priorität hat.

Als die Demo schließlich ihr Ziel erreicht, halten die Menschen eine Kundgebung ab. Einige Redner treten auf und sprechen über die Bedeutung des Klimaschutzes und was jeder Einzelne tun kann, um dazu beizutragen. Lisa hört aufmerksam zu und ist begeistert davon, wie viele Menschen bereit sind, sich für eine bessere Zukunft einzusetzen.

"Wir haben heute eine starke Botschaft an die Regierung und die Welt gesendet", sagt einer der Organisatoren. "Wir haben gezeigt, dass wir uns für unsere Umwelt und unsere Zukunft einsetzen werden. Lasst uns das Momentum aufrechterhalten und weiterkämpfen, bis echte Veränderungen erreicht sind!"

Die Menge jubelt und applaudiert. Es ist ein Gefühl von Gemeinschaft und Zusammenhalt spürbar, und jeder spürt, dass sie einen Unterschied gemacht haben.

Während die Demonstranten langsam nach Hause gehen, bleiben einige zurück, um den Müll aufzusammeln und die Straßen zu säubern. Sie wissen, dass sie nicht nur für eine sauberere Umwelt demonstriert haben, sondern auch für eine bessere Welt für alle.

Fuer Lisa war es heute der erste **Protestmarsch**. Sie hatte sich schon lange Sorgen über den Klimawandel gemacht, aber bis zu diesem Tag hatte sie das Gefühl, dass sie allein damit ist. Auf der Demo hat Lisa gelernt, dass sie nicht allein ist. Sie hat die Gemeinschaft von Menschen gesehen, die sich für dieselbe Sache einsetzen, die ihr am Herzen liegt.

Es ist ermutigend und inspirierend zu sehen, wie viele Menschen bereit sind, für ihre Überzeugungen einzutreten. Lisa hat auch gelernt, dass es wichtig ist, aktiv zu werden und sich zu engagieren, wenn man Veränderungen bewirken will. Sie hat beschlossen, ihre Einstellung zu ändern und sich stärker für die Umwelt einzusetzen, indem sie beispielsweise ihr Konsumverhalten überdenkt und aktiv daran arbeitet, ihre CO_2-Bilanz zu reduzieren.

Die Klimademo war ein großer Erfolg. Die Teilnehmer haben gezeigt, dass sie sich für die Umwelt und die Zukunft engagieren, und haben eine starke Botschaft an die Regierung und die Welt gesendet.

Zusammenfassung

An einem sonnigen Samstagmorgen versammeln sich Menschen aus allen Gesellschaftsschichten im Stadtzentrum, um an einer Klimademonstration teilzunehmen. Lisa, die sich freut, Teil dieser Bewegung zu sein, kommt am Treffpunkt an und ist überrascht, wie viele Menschen bereits da sind. Sie versammeln sich vor dem Rathaus mit Schildern und Transparenten, auf denen sie ihre Sorgen um die Umwelt zum Ausdruck bringen. Die Passanten schließen sich an, und die Parade wird zu einer bunten und lebendigen Demonstration der Einheit und Solidarität, mit Teilnehmern aller Altersgruppen, darunter Familien mit Kindern und sogar ein älterer Mann im Rollstuhl. Die Menschen tauschen Ideen aus, wie sie gemeinsam für eine bessere Zukunft kämpfen können. Die Demonstration zeigt, dass die Menschen bereit sind, für ihre Überzeugungen einzutreten und aktiv zu werden.

On a sunny Saturday morning, people from all walks of life come together in the city center to participate in a climate demonstration. Lisa, who is excited to be a part of this movement, arrives at the meeting point and is surprised to see the number of people already there. They gather in front of the town hall with signs and banners that express their concerns for the environment. Passersby join in, and the parade becomes a colorful and lively demonstration of unity and solidarity, with participants of all ages, including families with children and even an elderly man in a wheelchair. People exchange ideas on how to fight for a better future together. The demonstration shows that people are willing to stand up for their beliefs and take action.

Vokabeln

Gesellschaftsschichten: social class

Klimademonstration: climate demonstration

Klimaschutz: climate action

Innenstadt: city center

Zukunft: future

Rathaus: city hall

Klimawandel: climate change

Umweltschutz: environmental protection

Menschenmenge: crowd

Passanten: passer-by

Rollstuhl: wheelchair

Nachhaltigkeit: sustainablility

Kohleabbau: coal mining

Zerstörung: destruction

Regenwälder: rainforest

Protestmarsch: protest

Fragen

1.   Was ist das oberste Ziel der Demonstranten? (bessere Zukunft)

a.   Demonstrieren für eine bessere Zukunft

b.   Demonstrieren für mehr Bäumen in Parks

c.   Demonstrieren für eine bessere Müllabfuhr

d.   Demonstrieren für saubere Straßen

e.   Demonstrieren für den Kohleabbau

2.   Was ist kein Slogan auf den Plakaten?

a.   "Stoppt den Klimawandel",

b.   Rettet unseren Planeten

c. Für eine grüne Zukunft

d. Jetzt handeln für die Zukunft

e. Klimaschutz jetzt!

3. Wie erklärt die Mutter ihrem Kind wieso sie demonstrieren?

a. Für eine gesunde Umwelt, Tiere und Pflanzen

b. Für mehr Tiere

c. Für grünere Städte

d. Für eine bessere Zukunft

e. Für mehr Artenvielfalt

4. Was machen die Teilnehmer nach der Demonstration?

a. Alle gehen nach Hause

b. Sie sammeln ihren Müll auf

c. Sie gehen gemeinsam Essen

d. Sie bleiben vor dem Rathaus stehen

e. Sie gehen schwimmen

5. Was ist Lisa's Fazit von der Demonstration?

a. Sie möchte in Zukunft nicht mehr teilnehmen

b. Sie möchte in Zukunft öfter teilnehmen

c. Sie möchte ihr Konsumverhalten überdenken

d. Sie möchte ihr Konsumverhalten nicht überdenken

e. Sie möchte bei der nächsten Wahl die Grünen wählen

Der Kindergeburtstag

Maja freut sich schon seit Wochen auf ihren **Geburtstag** und endlich ist der große Tag gekommen. Sie wird heute 8 Jahre alt und kann es kaum erwarten, mit ihren Freunden zu feiern. Ihre Mutter hat alles bis ins kleinste Detail geplant und vorbereitet. Der Garten ist dekoriert und die Tische mit Süßigkeiten und Getränken gefüllt. Es ist ein herrlicher Tag und die Sonne scheint hell und warm am Himmel.

Als erstes kommt Majas besten Freundin Laura. Laura hat Maja eine selbstgemachte Geburtstagskarte und ein Geschenk mitgebracht und Maja ist überglücklich darüber. Sie hat eine ganze Wand mit Karten von ihren Freunden und **Familienmitgliedern** gefüllt, die ihr alle die besten **Wünsche** zum Geburtstag wünschen.

Laura sagt zu Maja: "Alles Gute zum Geburtstag Maja! Ich hoffe, dass wir heute viel Spaß haben werden. Ich freue mich schon sehr auf den Kuchen und die Spiele" Maja strahlt und antwortet: "Danke, Laura! Ich bin mir sicher, dass es ein toller Tag wird! Ich kann es kaum erwarten, alle Spiele zu spielen, die wir vorbereitet haben."

Als die ersten Gäste eintreffen, kann Maja ihre Freude kaum verbergen. Sie umarmt jeden ihrer Freunde und bedankt sich herzlich für ihr Kommen. Einige von ihnen haben sogar kleine Geschenke für Maja mitgebracht, die sie ihr stolz präsentieren. Maja ist begeistert und bedankt sich bei jedem ihrer Freunde. Die Kinder gehen gemeinsam in den Garten, der von Majas Mutter wunderschön dekoriert wurde. Bunte **Luftballons** und **Girlanden** schmücken den Garten und zaubern ein Lächeln auf Majas Gesicht. Die Kinder spielen miteinander und genießen das herrliche Wetter. Schließlich ist es Zeit, die Spiele zu starten, die Maja und ihre Mutter vorbereitet haben.

Zuerst gibt es eine **Schatzsuche**. Maja hat kleine Schatzkarten vorbereitet, die die Kinder im Garten finden müssen. Die Kinder laufen aufgeregt durch den Garten und suchen nach den versteckten Schätzen. Es ist ein großer Spaß und alle sind mit Eifer dabei.

Als nächstes gibt es **Topfschlagen**. Maja hat ihre Mutter gebeten, eine Trommel und einen Stock zu besorgen. Jedes Kind darf mit verbundenen Augen versuchen, den Topf zu treffen. Die anderen Kinder klatschen und singen dabei ein lustiges Lied. Es ist ein großer Spaß und alle lachen und jubeln.

Schließlich gibt es noch **Sackhüpfen**. Jedes Kind bekommt einen Jutesack und muss darin laufen. Es ist schwieriger als es aussieht, aber die Kinder haben eine Menge Spaß dabei. Maja und ihre Freunde lachen und toben durch den Garten.

Nachdem alle Spiele gespielt wurden, werden die Kinder zum Tisch gerufen, um den Kuchen zu schneiden und zu essen. Majas Mutter hat einen wunderschönen Kuchen gemacht, der wie eine **Burg** aussieht. Die Kinder sind begeistert und können es kaum erwarten, ein Stück davon zu probieren. Der Kuchen ist nicht nur hübsch anzusehen, er schmeckt auch noch fantastisch.

Alle Kinder sitzen um den Tisch und singen Happy Birthday für Maja. Maja bläst die Kerzen aus und ihre Mutter schneidet den Kuchen in Stücke. Jedes Kind bekommt ein Stück und Lisa ist überglücklich, dass ihre Freunde ihren Geburtstag mit ihr feiern.

Nach dem Essen gehen die Kinder zurück in den Garten und spielen weiter. Maja und Laura spielen Frisbee, während die anderen Kinder **Fangen** spielen. Es ist ein schöner Tag und alle haben viel Spaß. Majas Mutter hat auch eine Fotobox aufgestellt, damit die Kinder lustige Bilder machen können. Die Kinder haben eine Menge Spaß damit und Maja ist sich sicher, dass sie diese Bilder noch lange anschauen und sich an diesen Tag erinnern werden.

Später am Tag bringt Majas Vater eine Überraschung mit - einen Clown. Der Clown ist bunt und lustig und alle Kinder lieben ihn. Der Clown zaubert Ballons und schminkt die Kinder mit lustigen Gesichtern. Die Kinder lachen und haben eine tolle Zeit mit dem Clown.

Nachdem die Kinder eine Weile miteinander gespielt haben, ruft Majas Mutter sie zum Essen. Sie hat für die Kinder Pizza bestellt und alle sind begeistert. Die Kinder setzen sich an den Tisch und genießen ihr Essen. Maja isst zwei Stücke und fühlt sich glücklich und zufrieden.

"Wie schmeckt dir die Pizza, Maja?", fragt Laura. "Sie ist fantastisch! Ich liebe Pizza", antwortet Maja. Die Kinder reden und lachen während des Essens und haben eine tolle Zeit zusammen. Nachdem sie fertig sind, ruft Majas Mutter die Kinder wieder in den Garten, um weitere Spiele zu spielen.

Lisas Mutter hat ein Wasserballonspiel vorbereitet, bei dem die Kinder in zwei Teams aufgeteilt werden. Jedes Team hat einen Eimer voll mit Wasserballons und das Ziel ist es, das andere Team mit den Wasserballons abzuschmeißen. Die Kinder sind begeistert und haben viel Spaß bei dem Spiel.

Während des Spiels kommt Majas Vater mit einer weiteren Überraschung: einem **Eiswagen**. Die Kinder stehen Schlange, um sich ein Eis auszusuchen und alle sind glücklich. Sie sitzen auf dem Rasen und genießen ihre Eiscreme.

"Das war die beste Geburtstagsfeier, die ich je hatte", sagt Maja zu Laura. "Das war es wirklich. Deine Mutter hat alles so toll organisiert und wir hatten so viel Spaß", antwortet Laura.

Die Kinder spielen noch eine Weile und genießen den Tag. Als es Zeit ist, nach Hause zu gehen, umarmt Maja jeden ihrer Freunde und bedankt sich bei ihnen, dass sie gekommen sind. Sie ist glücklich und zufrieden und kann es kaum erwarten, nächstes Jahr wieder Geburtstag zu haben.

Am Abend sitzt Maja mit ihrer Familie auf der Couch und schaut sich Fotos von ihrer Geburtstagsparty an. Sie lächelt, als sie sich an den lustigen Clown, das Wasserballonspiel und das leckere Eis erinnert. Sie ist dankbar für ihre Familie und Freunde und weiß, dass sie einen unvergesslichen Geburtstag hatte.

In den nächsten Wochen erzählt Maja jedem, wie toll ihre Geburtstagsfeier war. Sie ist stolz darauf, dass sie so viele Freunde hat und dass ihre Familie alles getan hat, um sicherzustellen, dass sie einen besonderen Tag hat. Majas Geburtstagsparty hat nicht nur sie, sondern auch ihre Freunde glücklich gemacht. Maja wird ihren 8. Geburtstag nie vergessen und ist dankbar für die Liebe und Unterstützung ihrer Familie und Freunde.

Zusammenfassung

Maja freut sich auf ihre 8. Geburtstagsparty, die ihre Mutter bis ins Detail geplant und vorbereitet hat. Ihre beste Freundin Laura kommt mit einer selbst gebastelten Geburtstagskarte und einem Geschenk. Auch andere Gäste bringen Geschenke mit. Die Party findet in einem wunderschön geschmückten Garten statt, und die Kinder spielen Spiele wie Schatzsuche, Eselsbrücken und Sackhüpfen. Außerdem gibt es einen Clown, der die Kinder unterhält und ihnen das Gesicht bemalt. Zum Abendessen gibt es Pizza und Maja ist glücklich und zufrieden. Der Tag endet damit, dass die Kinder weitere Spiele im Garten spielen.

Maja is excited for her 8th birthday party which her mother has planned and prepared in detail. Her best friend Laura arrives with a homemade birthday card and gift. Other guests bring gifts too. The party is held in a beautifully decorated garden, and the children play games such as treasure hunt, pin the tail on the donkey and sack racing. There is also a clown, who entertains them and paints their faces. Pizza is served for dinner and Maja is happy and content. The day ends with the children playing more games in the garden.

Vokabeln

Geburtstag: birthday
Familienmitgliedern: family members
Wünsche: wishes
Luftballons: balloons
Girlanden: garland
Schatzsuche: treasure hunt
Topfschlagen: pot hitting

Sackhüpfen: sack race

Burg: castle

Fangen: tag

Eiswagen: ice cream van

Fragen

1.   Wer trifft als Erstes zu Majas Geburtstag ein?

a.   Ihre Schwester Laura

b.   Die Zwillinge

c.   Ihre beste Freundin

d.   Ihr bester Freund

e.   Ihre Tante

2.   Wie ist der Garten dekoriert?

a.   Mit Luftballons

b.   Mit Girlanden

c.   Mit Blumen

d.   Mit Girlanden und Blumen

e.   Mit Luftballons und Girlanden

3.   Was hat Maja für die Schatzsuche vorbereitet?

a.   Einen Schatz aus Süßigkeiten

b.   Eine Schatzkarte

c.   Eine Piratenflagge

d.   Ein Piratenboot

e.   Einen Schatz aus Goldmünzen

4.   Was machen sie während des Topfschlagens?

a.   Sie rennen im Kreis

b.   Sie sagen ein Gedicht auf

c.   Sie singen ein Lied

d.   Sie sind ganz leise

e.   Sie feuern Maja an

5.   Womit überrascht Majas Vater die Kinder?

a.   Einem Clown und einem Eiswagen

b.   Einem Eiswagen und einem Zauberer

c.   Zauberer und einem Clown

d.   Einem Pool und einem Eiswagen

e.   Einem Pool und einem Zauberer

Ein Strandtag in Portugal

Die Sonne scheint heiß auf den **Sandstrand** von Praia da Rocha in Portugal. Die Wellen rollen sanft an den Strand, während die Menschen in der Ferne schwimmen und sich sonnen. Es ist ein perfekter Tag für einen Ausflug zum Strand und auch für die Gruppe von Freunden, die heute hierher gekommen ist.

Die fünf Freunde – Anna, Tom, Luisa, Max und Lisa – haben sich schon seit Jahren nicht mehr gesehen und beschlossen, dass ein **Strandurlaub** die perfekte Gelegenheit wäre, um alte Erinnerungen aufzufrischen. Sie kamen alle aus unterschiedlichen Teilen Deutschlands nach Portugal für einen **Sommerurlaub** und freuen sich darauf, diese Tage miteinander zu verbringen.

Als sie am Strand ankommen, suchen sie sich ein Plätzchen unter einem **Sonnenschirm** und breiten ihre **Handtücher** aus. Anna packt einen Picknickkorb aus, den sie für diesen Tag vorbereitet hat. Sie haben alles dabei: frisches Obst, Baguette, Käse und Wein. Die Freunde genießen das Essen und die Sonne, während sie sich unterhalten und lachen.

Nachdem sie ihr Essen beendet haben, beschließen sie, ins Wasser zu gehen. Sie rennen zum Meer und springen in die **Wellen**. Das Wasser ist kühl und erfrischend, während sie durch die Wellen schwimmen und lachen. Tom und Max fordern sich gegenseitig zu einem **Wettrennen** heraus, während Luisa und Lisa sich auf ihren aufblasbaren **Luftmatratze**n entspannen und die Sonne genießen.

Während sie im Wasser spielen, fällt Anna ein junger Mann auf, der am Strand entlang spaziert. Er hat einen Hut auf und trägt eine Gitarre. Sie sieht, wie er an einigen Leuten vorbeigeht und anfängt zu singen. Sie beobachtet ihn eine Weile, bevor sie beschließt, ihn zu sich zu rufen.

"Hey, das klingt echt gut! Kannst du uns vielleicht ein Lied spielen?", fragt sie ihn. Der junge Mann lächelt und stimmt zu. Er setzt sich neben die Freunde und beginnt zu spielen. Die Freunde klatschen und singen mit, als er ein paar bekannte portugiesische Lieder spielt.

Als er fertig ist, bedanken sich die Freunde und geben ihm ein paar Münzen als Dankeschön. Sie unterhalten sich eine Weile mit ihm und erfahren, dass er ein **Straßenmusiker** ist und seit Jahren am Strand spielt. Er erzählt ihnen von seiner Liebe zur Musik und wie er durch seine Leidenschaft Menschen verbindet und ihnen Freude bereitet.

Im Laufe des Tages gesellt sich eine Gruppe junger Surfer zu ihnen. Sie sind laut und energiegeladen, und man kann förmlich spüren, wie die positive Energie sie umgibt. Einer der Surfer, ein junger Mann namens Miguel, schlägt vor, dass sie gemeinsam grillen und den **Sonnenuntergang** am Strand genießen sollten. Die Gruppe stimmt begeistert zu, und Miguel und seine Freunde beginnen, eine Feuerstelle vorzubereiten und eine **Einkaufsliste** zu schreiben: Fleisch und Fisch, Mais und verschiedenes Gemüse, Bier, Wein und Chips.

Die Freunde nutzen die Gelegenheit des Einkaufens, um die **Umgebung** zu erkunden. Sie schlendern am Strand entlang und entdecken zahlreiche Stände, die von lokalen Händlern betrieben werden. Luisa bleibt an einem Stand stehen und bewundert die handgefertigten Armbänder, die dort verkauft werden. Der Händler erzählt ihr, dass er jedes Stück sorgfältig selbst gemacht hat und dass jedes Armband eine einzigartige Geschichte hat. Luisa ist begeistert und kauft schließlich ein Armband, das mit kleinen **Muscheln** und türkisfarbenen **Perlen** verziert ist.

Max hingegen bleibt an einem Stand mit Surfbrettern stehen. Der Besitzer, ein leidenschaftlicher Surfer, erzählt ihm von den besten Surfspots in der Umgebung und bietet ihm sogar eine kostenlose Surflektion an. Max ist aufgeregt und nimmt das Angebot dankend an. Er vereinbart mit dem Besitzer, dass sie sich morgen früh treffen werden, um zum Surfen zu gehen.

Lisa und Tom sind unterdessen zu einem Stand gegangen, der portugiesische Leckereien verkauft. Sie probieren verschiedene Gerichte und sind begeistert von der Vielfalt der Aromen. Der **Verkäufer** empfiehlt ihnen ein typisch portugiesisches Dessert namens "Pasteis de nata", ein kleines Törtchen mit einer Creme aus Ei und Vanille. Sie beschließen, es zu probieren und es stellt sich heraus, dass es eine ausgezeichnete Wahl war.

Als der Tag sich dem Ende neigt, kehren sie zu ihrem Platz am Strand zurück, um den Sonnenuntergang zu beobachten. Die Sonne taucht den Himmel in ein warmes Orange und Rosa, während sie sich aneinander kuscheln und den Moment genießen. Der Strand ist jetzt fast leer, und es fühlt sich an, als ob sie diesen wunderschönen Moment ganz allein erleben würden.

Nach dem Sonnenuntergang bleiben die Freunde gemeinsam mit Miguel und seinen Freunden am Strand, um zu grillen und ein Lagerfeuer zu machen. Die Freunde singen Lieder und spielen Gitarre, während sie um das Feuer sitzen und den Abend genießen.

Plötzlich fällt Tom ein, dass er ein paar Feuerwerkskörper dabei hat, die er gekauft hat, um sie später in der Woche zu zünden. Er beschließt, sie jetzt zu benutzen, um das Erlebnis am Strand noch unvergesslicher zu machen. Die Freunde sind begeistert und bereiten sich darauf vor, das Feuerwerk zu starten.

Tom zündet den ersten Feuerwerkskörper an und sie alle sehen zu, wie er in den Nachthimmel steigt und explodiert. Es ist ein magischer Moment, als die Sterne über ihnen leuchten und die Funken vom Feuerwerk um sie herumfliegen. Die Freunde stoßen mit Sekt an und lachen und umarmen sich.

Als das Feuerwerk vorbei ist, beschließen sie, den Tag mit einem Mitternachtsschwimmen zu beenden. Das Wasser ist jetzt dunkel, aber der Mond scheint hell und beleuchtet den Strand. Die Freunde springen ins Wasser und schwimmen im Dunkeln. Es ist ein unvergessliches Erlebnis, das sie immer in Erinnerung behalten werden.

Schließlich kehren sie zu ihrem Platz am Strand zurück und machen sich bereit, nach Hause zu gehen. Sie sammeln ihre Sachen ein und hinterlassen den Strand so, wie sie ihn vorgefunden haben. Sie bedanken sich bei Anna für das Picknick und bei Tom für das Feuerwerk und das Mitternachtsschwimmen.

Als sie sich voneinander verabschieden, versprechen sie, dass sie diesen Tag nie vergessen werden. Sie alle fühlen sich glücklich und erfüllt von diesem wunderschönen Tag am Strand von Praia da Rocha. Sie sind dankbar, dass sie diese Zeit miteinander verbracht haben und dass sie in der Lage waren, ihre Freundschaft aufzufrischen und zu stärken.

Zusammenfassung

Fünf Freunde, Anna, Tom, Luisa, Max und Lisa, die sich seit Jahren nicht mehr gesehen haben, treffen sich in Portugal zu einem Sommerurlaub. Sie verbringen einen perfekten Tag am Strand und genießen ein Picknick mit frischem Obst, Baguette, Käse und Wein. Sie schwimmen, spielen in den Wellen und entspannen auf aufblasbaren Luftmatratzen. Anna lädt einen Straßenmusiker ein, für sie Gitarre zu spielen und zu singen. Später treffen sie eine Gruppe junger Surfer, die ihnen vorschlagen, am Strand zu grillen und den Sonnenuntergang zu beobachten. Beim Einkaufen erkunden sie die Gegend und entdecken lokale Händler, die Kunsthandwerk und traditionelle portugiesische Gerichte anbieten. Sie kehren zum Strand zurück, um den Sonnenuntergang zu beobachten und ein Barbecue zu veranstalten.

Five friends, Anna, Tom, Luisa, Max, and Lisa, who have not seen each other in years, gather in Portugal for a summer vacation. They spend a perfect day on the beach, enjoying a picnic of fresh fruit, baguette, cheese, and wine. They swim, play in the waves, and relax on inflatable air mattresses. Anna invites a street musician to play guitar and sing for them. Later, they meet a group of young surfers who suggest a beach barbecue and watching the sunset. While shopping for food, they explore the area and discover local vendors selling handcrafted items and traditional Portuguese food. They return to the beach to watch the sunset and have a BBQ.

Vokabeln

Sandstrand: sand beach

Strandurlaub: beach vacation

Sommerurlaub: summer vacation

Sonnenschirm: parasol

Handtücher: towel

Wellen: waves

Wettrennen: race

Luftmatratze: air mattress

Straßenmusiker: street musician

Sonnenuntergang: sunset

Einkaufsliste: shopping list

Umgebung: neighbourhood

Muscheln: shell

Perlen: pearl

Verkäufer: vendor

Fragen

1. **In welchem Land treffen sich die Fünf Freunde?**
a. Spanien
b. Italien
c. Portugal
d. Niederlande
e. Frankreich

2. **Wer sing am Strand ein Lied?**
a. Ein Straßen Musiker
b. Die Fünf Freunde
c. Eine Gruppe Fremder
d. Eine junge Familie

e.   Eine Opernsängerin

3.   Was steht nicht auf der Einkaufsliste zum Grillen?
a.   Gemüse
b.   Chips
c.   Bier
d.   Fleisch
e.   Schokolade

4.   Was probieren Lisa und Tom bei einem der Straßenverkäufer?
a.   Gegrillte Sardinen
b.   Pasteis de nata
c.   Cataplana
d.   Octopus
e.   Stockfisch

5.   Wie war das Wetter am Tag am Strand?
a.   Regnerisch
b.   Bewölkt
c.   Sonnig
d.   Neblig
e.   Kalt

Der Neue Job

Jakob hat sich für eine Stelle als Marketing-Manager bei einem großen **Unternehmen** beworben. Die **Anforderungen** in der **Stellenausschreibung** sind, ein Bachelor-Abschluss in Marketing oder einem ähnlichen Bereich, sowie **Berufserfahrung** im Marketing-Bereich und Kenntnisse in verschiedenen Marketing-Tools und -Strategien.

Jakob hatte alle diese **Qualifikationen**: Er hatte einen Bachelor-Abschluss in Marketing und hatte bereits zwei Jahre Erfahrung als Marketing-Assistent bei einem anderen Unternehmen gesammelt. Er hatte auch Kenntnisse in verschiedenen Marketing-Tools und -Strategien, einschließlich sozialer Medien, E-Mail-Marketing und digitalem Marketing.

Um sich auf das **Vorstellungsgespräch** vorzubereiten, recherchiert Jakob das Unternehmen und seine Produkte gründlich, um besser zu verstehen, was von ihm als Marketing-Manager erwartet wird. Er übt auch typische Fragen, die ihm im Vorstellungsgespräch gestellt werden könnten, und bereitet Antworten vor, die seine Erfahrungen und Kenntnisse hervorheben würden. Mit seiner gut vorbereiteten **Bewerbung** und seiner Erfahrung im Marketing-Bereich hat Jakob schließlich das Vorstellungsgespräch für den Job bekommen.

Nachdem Jakob das Vorstellungsgespräch absolviert hat, ist er sehr nervös, weil er nicht weiß, ob er den Job bekommt. Er hat das Gefühl, dass er gut abgeschnitten hat, aber er hat auch **Konkurrenz** von anderen qualifizierten Bewerbern.

Ein paar Tage später bekommt Jakob schließlich einen Anruf von dem Unternehmen und ihm wird mitgeteilt, dass er den Job bekommen hat! Er ist überglücklich und erleichtert, dass all seine Bemühungen, sich auf das Vorstellungsgespräch vorzubereiten, erfolgreich waren.

Jakob wird eingestellt, weil seine Erfahrung und Qualifikationen im Marketing-Bereich gut zu den Anforderungen der Stelle passen. Das Unternehmen hat erkannt, dass Jakob großes Potenzial hat und dass er ein wertvolles Mitglied des Teams sein wird. Sie schätzen auch seine positive Einstellung und seine Fähigkeit, gut mit anderen zu kommunizieren und zusammenzuarbeiten.

Jakob ist aufgeregt, als er an seinem ersten Tag im neuen Job das Bürogebäude betritt. Er hat sich für diesen Job beworben, weil er die **Aufgaben** spannend findet und das Unternehmen einen guten Ruf hat. Er möchte einen guten **Eindruck** machen und ist deshalb etwas nervös. Doch als er die Tür zum Empfangsbereich öffnet, wird er von einer freundlichen Empfangsdame begrüßt.

"Herzlich Willkommen! Sie müssen Jakob sein, oder? Ich bin Lisa, die Empfangsdame. Schön, Sie kennenzulernen", sagt sie und lächelt. Jakob nickt und stellt sich vor. Lisa gibt ihm eine kurze Einführung zum Bürogebäude und zeigt ihm, wo er seinen **Schreibtisch** hat. Dann stellt sie ihm einige seiner Kollegen vor.

"Das ist Sarah aus der Personalabteilung. Sie wird Ihnen helfen, sich einzuleben", sagt Lisa und zeigt auf eine junge Frau mit braunen Haaren. "Hey, willkommen an Bord! Wenn du irgendwelche Fragen hast, frag einfach. Ich helfe dir gerne", sagt Sarah freundlich. "Danke, das ist sehr nett von dir", erwidert Jakob.

Dann führt ihn Lisa zu einem Besprechungsraum, wo er seinen **Vorgesetzten** trifft.

"Jakob, ich bin Max, dein Vorgesetzter. Ich freue mich, dich kennenzulernen", sagt Max und gibt Jakob die Hand. "Schön, Sie kennenzulernen", erwidert Jakob. Max erklärt Jakob seine Aufgaben und gibt ihm einige wichtige Informationen über das Unternehmen und die Branche. "Wir sind ein schnell wachsendes Unternehmen und wir brauchen Mitarbeiter, die bereit sind, hart zu arbeiten. Wenn du deine Arbeit ernst nimmst, wirst du hier erfolgreich sein", sagt Max. Jakob nickt und verspricht, sein Bestes zu geben.

Nach der Einführung hat Jakob Zeit, sich einzurichten und seine neuen Kollegen kennenzulernen. Er merkt schnell, dass das Team sehr nett und hilfsbereit ist. Alle sind daran interessiert, ihn kennenzulernen und ihm bei Fragen zu helfen.

Jakob betritt die **Kantine** des Bürogebäudes und sucht sich einen freien Platz. Als er gerade dabei ist, sein Essen auszupacken, hört er plötzlich eine vertraute Stimme: "Hey, Jakob! Wie geht's dir?" Er dreht sich um und sieht Tom, einen seiner neuen Kollegen aus der Marketingabteilung. "Mir geht's gut. Ich finde es toll, hier zu arbeiten", antwortet Jakob und lächelt. Tom setzt sich zu ihm an den Tisch und sie fangen an zu plaudern.

Tom erzählt Jakob mehr über die **Abteilung** und welche Projekte sie in der Zukunft planen. Jakob ist begeistert von den Ideen und freut sich darauf, Teil des Teams zu sein und seine Fähigkeiten in die Projekte einzubringen. Während sie reden, schließen sich nach und nach weitere Kollegen am Tisch an und bald herrscht eine fröhliche Stimmung. Sie unterhalten sich über alles Mögliche, von Arbeit bis hin zu persönlichen Interessen und Hobbys.

Am Ende des Mittagessens sagt Tom zu Jakob: "Das freut uns zu hören! Wenn du irgendwelche Fragen hast, frag einfach." Jakob fühlt sich wohl und willkommen und ist dankbar für Toms freundliches Angebot. Er beschließt, sich an Tom zu wenden, falls er jemals Hilfe oder Unterstützung braucht.

Jakob fühlt sich erleichtert, dass der Rest des Tages ohne **Schwierigkeiten** verläuft. Seine Kollegen sind sehr hilfsbereit und nehmen sich Zeit, um ihn bei der Einarbeitung zu unterstützen. Sie erklären ihm geduldig seine Aufgaben und zeigen ihm, wie man mit den verschiedenen Programmen und Systemen umgeht. Jakob ist beeindruckt von der Professionalität und dem Wissen, das seine neuen Kollegen besitzen. Er ist dankbar für ihre Unterstützung und fühlt sich dadurch sicherer in seiner neuen Position.

Während des Tages lernt Jakob viele neue Dinge und ist erstaunt über die Vielseitigkeit seines Jobs. Er ist begeistert von der Tatsache, dass er jeden Tag etwas Neues lernen und sich verbessern kann. Jakob ist zuversichtlich, dass er seine Fähigkeiten in diesem Job weiterentwickeln und wertvolle Erfahrungen sammeln kann.

Die Atmosphäre im Büro ist freundlich und positiv, was Jakob hilft, sich wohl zu fühlen und produktiv zu arbeiten. Er beobachtet, wie seine Kollegen miteinander umgehen und wie gut sie zusammenarbeiten. Es gibt keine negativen Stimmungen oder Konflikte, was Jakob sehr positiv wahrnimmt. Er ist sich sicher, dass er in diesem Umfeld gedeihen und seine Fähigkeiten optimal einsetzen kann.

Als der Arbeitstag vorbei ist, verabschiedet sich Jakob von seinen Kollegen und verlässt das Bürogebäude mit einem guten Gefühl. Er weiß, dass er den richtigen Job gewählt hat und freut sich darauf, am nächsten Tag wiederzukommen und seine Kollegen wiederzusehen. Er fühlt sich motiviert und bereit, neue Herausforderungen anzugehen und sein Bestes zu geben, um zum Erfolg des Unternehmens beizutragen.

Zusammenfassung

Jakob, der einen Bachelor-Abschluss in Marketing und zwei Jahre Erfahrung als Marketingassistent hatte, bewarb sich um eine Stelle als Marketingleiter. Jakob bekam die Stelle, weil seine Erfahrungen und Qualifikationen den Anforderungen entsprachen und er als wertvolles Teammitglied mit großem Potenzial anerkannt wurde. An seinem ersten Tag wurde Jakob von einer Empfangsdame herzlich begrüßt, die ihn seinen neuen Kollegen vorstellte. Jakob lernte seinen Vorgesetzten kennen und erhielt Informationen über das Unternehmen und seine Rolle. Jakob freute sich auf die Zusammenarbeit mit seinem neuen Team, und Tom, ein Kollege, erzählte ihm von ihrer Abteilung und zukünftigen Projekten

Jakob, who had a Bachelor's degree in Marketing and two years of experience as a marketing assistant, applied for a job as a Marketing Manager. Jakob got the job because his experience and qualifications matched the requirements, and he was recognized as a valuable team member with great potential. On his first day, Jakob was warmly welcomed by a receptionist who introduced him to his new colleagues. Jakob met his supervisor and was given information about the company and his role. Jakob was excited to work with his new team, and Tom, a colleague, told him about their department and future projects.

Vokabeln

Unternehmen: company
Anforderungen: requirements
Stellenausschreibung: job posting
Berufserfahrung: job experience
Qualifikationen: qualifications
Vorstellungsgespräch: job interview
Bewerbung: application
Konkurrenz: competition
Aufgaben: tasks
Eindruck: impression
Schreibtisch: desk
Vorgesetzter: manager
Kantine: cafeteria
Abteilung: department
Schwierigkeiten: difficulties

Fragen

1.   Welche Anforderungen wurden in der Stellenausschreibung für den Marketing-Manager-Job gestellt?
a.   Ein Master-Abschluss in Marketing
b.   Kenntnisse im IT-Bereich
c.   Berufserfahrung in der Personalabteilung
d.   Kenntnisse in verschiedenen Marketing-Tools und -Strategien
e.   Eine abgeschlossene Ausbildung als Verkäufer

2.   Was hat Jakob getan, um sich auf das Vorstellungsgespräch vorzubereiten?
a.   Er hat seine Bewerbungsunterlagen nicht aktualisiert
b.   Er hat einen zweitägigen Urlaub gemacht

c.   Er hat sich nicht vorbereitet

d.   Er hat Antworten vorbereitet, die seine Erfahrungen und Kenntnisse hervorheben würden

e.   Er war mit dem CEO Mittagessen

3.   Was geschah nach Jakobs Vorstellungsgespräch?

a.   Er wurde zum Vorstellungsgespräch eingeladen

b.   Er erhielt eine Absage

c.   Er erhielt ein Angebot für den Job

d.   Er war nicht sicher, ob er den Job bekommen würde

e.   Er bekam einen anderen Job angeboten

4.   Warum wurde Jakob für den Job als Marketing-Manager eingestellt?

a.   Weil er die Anforderungen der Stellenausschreibung erfüllte

b.   Weil er keine Erfahrung im Marketing-Bereich hatte

c.   Weil er nicht alle Anforderungen der Stellenausschreibung erfüllt hatte

d.   Weil er überqualifiziert war

e.   Weil er der einzige Bewerber war

5.   Wie wurde Jakob von seinen neuen Kollegen begrüßt?

a.   Sie ignorierten ihn

b.   Sie waren unfreundlich zu ihm

c.   Sie waren desinteressiert

d.   Sie waren kritisch ihm gegenüber.

e.   Sie waren nett und hilfsbereit zu ihm

Der Umzug

In einer kleinen Stadt in Deutschland, lebt der 25-jährige Max seit seiner Geburt. Er hat hier seine gesamte Kindheit und **Jugend** verbracht und auch seine ersten Berufsjahre in einer lokalen Firma verbracht. Doch Max hat das Gefühl, dass er aus diesem Ort herauswachsen ist und es an der Zeit ist, seinen Horizont zu erweitern. Daher beschließt er, in eine neue Stadt zu ziehen.

Max hat sich für die Stadt München entschieden, die für ihre Kultur, **das Nachtleben** und ihre großartige Landschaft bekannt ist. Er hatte schon immer davon geträumt, in einer Großstadt zu leben, und München schien ihm perfekt zu passen.

Max hat sich bereits vor seinem Umzug nach München Gedanken über eine passende Wohnung gemacht. Er wusste, dass die **Mieten** in der Innenstadt recht hoch sein können und hat deshalb frühzeitig begonnen, sich nach **erschwinglichen** Optionen umzusehen. Er hat im Internet recherchiert und viele Wohnungen besichtigt, aber keine hat ihm wirklich zugesagt.

Schließlich hat er jedoch eine Wohnung gefunden, die seinen Vorstellungen entspricht: Sie liegt in einer ruhigen Seitenstraße, nur wenige Gehminuten von der Innenstadt entfernt. Die Wohnung hat eine angenehme Größe, genügend Platz für ihn und all seine Sachen, und ist in einem gepflegten Zustand. Außerdem ist sie bezahlbar und passt somit in sein Budget.

Als Max sich auf den Umzug vorbereitet, bittet er seinen besten Freund Simon um Hilfe. Simon und Max kennen sich seit ihrer Kindheit und haben viele Abenteuer zusammen erlebt. Simon ist ein wenig traurig, dass Max die Stadt verlässt, in der sie aufgewachsen sind, aber er unterstützt Max bei seiner Entscheidung und ist aufgeregt für ihn und seine neue Reise.

Am Morgen des Umzugstages erscheint Simon in Max' Wohnung, bereit, ihm bei allem zu helfen, was er braucht. Gemeinsam packen sie die **Kisten** und die **Möbel** in den LKW, während sie sich über ihre gemeinsamen Erlebnisse und Erinnerungen austauschen. Simon ist fasziniert von all den Dingen, die Max in seiner Wohnung gesammelt hat, und er fragt ihn, wie er vorhat, alles in seiner neuen Wohnung zu organisieren.

"Max, ich kann es kaum erwarten, dich in deiner neuen Stadt zu besuchen und all die coolen Dinge zu sehen, die du entdeckst", sagt Simon, als sie zusammen eine Kiste mit Büchern tragen.

"Ja, ich freue mich auch darauf, dir alles zu zeigen. Du wirst es lieben", antwortet Max, während er eine schwere Couch bewegt.

Während des Umzugs bemerkt Max, dass er ein paar Boxen vergessen hat, die er später abholen muss. Simon beruhigt ihn und verspricht ihm, dass er ihm später dabei helfen wird. Als sie die letzten Sachen in den Umzugswagen bringen, spüren beide die Melancholie des Abschieds.

Sie umarmen sich und sagen sich leise "Tschüss". Max setzt sich ans Steuer des LKWs und beginnt seine Reise nach München, während Simon ihm mit dem Auto folgt.

Als Max die Stadtgrenze verlässt, fühlt er sich aufgeregt und zugleich traurig. Er vermisst Simon und seine alte **Heimatstadt**, aber er ist auch neugierig auf seine neue Stadt und all die Möglichkeiten, die sie ihm bietet. Simon bleibt bei ihm und redet die ganze Fahrt über mit ihm, um ihn aufzumuntern und ihm zu zeigen, dass er nicht allein ist. Als sie in München ankommen, fühlt Max eine neue Energie und Aufregung und ist bereit, alles zu erkunden, was diese großartige Stadt zu bieten hat.

Nach einer langen Fahrt erreicht Max endlich München und er fühlt sich aufgeregt und zugleich nervös. Alles um ihn herum ist neu und anders als das, was er bisher gewohnt war. Die Straßen sind voller Leben und Aktivitäten, und er spürt, dass dies der Beginn eines neuen Abenteuers ist.

Er fährt direkt zur Wohnung, die er gemietet hat, und beginnt, seine Sachen auszuladen und einzurichten. Die Wohnung ist geräumig und modern und er kann es kaum erwarten, sie zu seinem neuen **Zuhause** zu machen. Er nimmt sich Zeit, um alles genau so zu platzieren, wie er es sich vorgestellt hat, und fühlt sich glücklich und zufrieden, als er schließlich mit allem fertig ist.

Ein paar Tage nachdem Max in München angekommen ist, bekommt er Besuch von seinem besten Freund Simon. Simon ist begeistert von der Idee, Max in seiner neuen Stadt zu besuchen, und freut sich darauf, die Stadt gemeinsam mit ihm zu erkunden.

Am ersten Tag ihres Besuchs gehen die beiden auf eine ausgedehnte Erkundungstour durch die Stadt. Sie beginnen mit einem Besuch auf dem Marienplatz, einem der bekanntesten Plätze in München, wo sie den Glockenspielen der Neuen Rathausuhr lauschen und den Anblick der prachtvollen Architektur genießen. Dann geht es weiter zur Frauenkirche, der größten Kirche der Stadt mit ihren berühmten Zwiebeltürmen, die schon von Weitem zu sehen sind.

Sie machen auch einen Spaziergang durch den Englischen Garten, eine der größten innerstädtischen Parkanlagen der Welt, und bewundern die Natur und die Landschaft, die sich ihnen bietet. Dort sehen sie Menschen beim Sonnenbaden, Picknicken, Joggen und Grillen.

Die beiden machen auch eine Tour durch die Bierhallen, die die Stadt so berühmt machen. Sie besuchen einige der berühmtesten Brauhäuser der Stadt und probieren verschiedene Biersorten und typisch bayerische Gerichte.

In den nächsten Tagen besuchen sie einige der besten Restaurants der Stadt und genießen lokale Spezialitäten wie Schweinshaxe, Leberknödel, Brezen und Kaiserschmarrn. Sie verbringen auch Zeit damit, die verschiedenen Stadtviertel zu erkunden und die Geschichte und Kultur Münchens zu entdecken.

Max und Simon haben eine tolle Zeit zusammen und Max ist dankbar, dass er einen so guten Freund hat, der ihm hilft, sich in seiner neuen Heimatstadt zurechtzufinden.
Max fühlt sich glücklich und erkennt, dass er die richtige Entscheidung getroffen hat, in diese Stadt zu ziehen. Er trifft neue Leute, lernt neue

Dinge und erlebt eine neue Kultur. Es ist alles so aufregend und inspirierend.

Zusammenfassung

Max ist 25 Jahre alt und hat sein ganzes Leben in einer kleinen Stadt in Deutschland verbracht. Er hat das Gefühl, dass er dem Ort entwachsen ist, und beschließt, nach München zu ziehen, eine Stadt, die für ihre Kultur, ihr Nachtleben und ihre schöne Landschaft bekannt ist. Vor seinem Umzug verbringt er viel Zeit mit der Suche nach einer geeigneten Wohnung, die in sein Budget passt. Mit der Hilfe seines besten Freundes Simon zieht er in seine neue Wohnung in München ein. Obwohl er sich auf die neue Stadt freut, ist er gleichzeitig traurig, seine Heimatstadt und seinen Freund zurückzulassen. Als Simon ihn ein paar Tage später besucht, erkunden sie gemeinsam Münchens Sehenswürdigkeiten und Geräusche, angefangen beim Marienplatz.

Max is a 25-year-old who has spent his entire life in a small town in Germany. He feels that he has outgrown the place and decides to move to Munich, a city known for its culture, nightlife, and beautiful scenery. Before his move, he spends a lot of time searching for a suitable apartment that fits his budget. With the help of his best friend Simon, he moves his belongings to his new apartment in Munich. Despite feeling excited about the new city, he also feels sad about leaving his hometown and friend behind. When Simon visits him a few days later, they go on an exploration of Munich's sights and sounds, starting with Marienplatz.

Vokabeln

Jugend: adolescence
Nachtleben: nightlife
Mieten: rent
Erschwinglich: affordabel
Kisten: boxes
Möbel: furniture
Heimatstadt: hometown
Zuhause: home

Fragen

1. Warum hat Max beschlossen, in eine neue Stadt zu ziehen?
a. Er hat einen neuen Job gefunden
b. Er hat das Gefühl, dass er aus seinem Heimatort herausgewachsen ist.
c. Er hat einen schweren Unfall gehabt
d. Er will näher bei seiner Familie sein
e. Er will seine alte Schule besuchen

2. Warum hat sich Max für München entschieden?
a. Es hat eine großartige Landschaft
b. Es hat eine reiche Kultur
c. Es hat ein lebhaftes Nachtleben
d. Es hat alles, was er sich wünscht
e. Es hat eine gute Universität

3. Wie hat Max seine Wohnung in München gefunden?
a. Durch eine Zeitungsanzeige
b. Durch eine Empfehlung eines Freundes
c. Durch Zufall
d. Durch Online-Recherche

e.   Durch einen Makler

4.   Wer hilft Max beim Umzug?
a.   Sein Vater
b.   Sein Bruder
c.   Sein Onkel
d.   Sein bester Freund Simon
e.   Seine Schwester

5.   Wie fühlt sich Max, als er in München ankommt?
a.   Aufgeregt und nervös
b.   Gelangweilt und müde
c.   Enttäuscht und traurig
d.   Verärgert und wütend
e.   Glücklich und zufrieden

Ein Tag im Freizeitpark

Familie Schmitz wacht früh am Morgen auf und schaut aus dem Fenster. Der Himmel ist grau und es regnet leicht. Die Eltern schauen besorgt aus dem Fenster und überlegen, ob sie den Ausflug verschieben sollen. Doch die Kinder, Jona und Luisa, stehen schon aufgeregt bereit und wollen den Ausflug unbedingt machen. Sie haben schon so lange darauf gewartet und können es kaum erwarten, all die aufregenden **Fahrgeschäfte** zu erleben.

Die Eltern schauen sich an und schließlich entscheiden sie, dass der Ausflug stattfinden soll. Die Familie packt sich warm ein und macht sich auf den Weg in den **Freizeitpark**. Als sie ankommen, regnet es immer noch und der Park ist fast leer. Es gibt viele verschiedene Themenbereiche mit unterschiedlichen Fahrgeschäften und Attraktionen. Der Vater, Peter, ist besonders aufgeregt, denn er ist ein großer Fan von **Achterbahnen** und kann es kaum erwarten, die neueste Attraktion auszuprobieren.

Nachdem sie ihre **Eintrittskarten** gekauft haben, laufen sie durch den Eingang des Freizeitparks. Doch als sie über das Gelände schlendern, bemerken sie, dass es immer noch leicht regnet. Claudia schaut besorgt in den Himmel und fragt sich, ob der Regen den ganzen Tag anhalten wird. Peter möchte den Tag jedoch nicht schon am Anfang aufgeben und schlägt vor, zuerst ein Indoor-Fahrgeschäft zu besuchen, um dem Regen zu entkommen. Die Kinder, Jona und Luisa, sind begeistert und folgen ihm.

Die Familie betritt das Indoor-Fahrgeschäft und es ist vollkommen dunkel. Jona und Luisa schauen sich neugierig um und können kaum erwarten, dass die Fahrt beginnt. Die Eltern sind etwas nervös, da sie nicht wissen, was sie erwartet. Plötzlich ertönt eine Stimme aus dem **Lautsprecher** und kündigt die Fahrt an. Die Familie setzt sich in den Wagen und schnallt sich an. Die **Sicherheitsbügel** schließen sich und die Fahrt beginnt. Zunächst fährt der Wagen langsam durch enge Kurven und schmale Gänge. Dann geht es plötzlich steil bergab und sie rasen durch einen dunklen **Tunnel**. Die Fahrt wird immer schneller und die Familie wird durch enge Kurven und schnelle Abfahrten geschickt. Jona und Luisa kreischen vor Freude und Adrenalin, während die Eltern versuchen, sich festzuhalten. Sie werden durch **schwindelerregende** Kurven und schnelle Abfahrten gejagt, bis sie schließlich wieder im Ausgangspunkt ankommen. Die Fahrt endet abrupt und sie steigen mit leuchtenden Augen aus. Sie können gar nicht genug davon bekommen und möchten am liebsten sofort wieder fahren.

Obwohl das Wetter zu Beginn des Tages nicht so gut war, haben sie dennoch einen großartigen Start in den Tag gehabt. Als sie aus dem Fahrgeschäft kommen, bemerken sie plötzlich, dass sich das Wetter zum Glück verbessert hat. Die Sonne kommt raus und der Himmel klart auf. Die Familie ist erleichtert und beschließt, den Tag voll auszukosten. Sie machen sich auf den Weg zu einer der größten Attraktionen im Park, einer Achterbahn mit vielen Loopings und Schrauben. Die Achterbahnfahrt ist ein echtes Highlight für Jona und Peter. Sie schreien und lachen vor Aufregung, während sie durch die verschiedenen

Schleifen und Loopings rasen. Die **Geschwindigkeit** macht ihnen nichts aus, im Gegenteil, sie genießen jede Sekunde. Claudia und Luisa hingegen sind eher zurückhaltend und schauen sich das Spektakel lieber aus sicherer Entfernung an.

Die Familie läuft weiter durch den Park und sieht die vielen Attraktionen, die der Freizeitpark zu bieten hat. Sie sehen Karussells, Achterbahnen, **Wasserrutschen** und viele weitere aufregende Fahrgeschäfte. Jeder in der Familie hat seine eigene Lieblingsattraktion, die er unbedingt ausprobieren möchte. Peter und Jona wollen unbedingt auf die Wildwasserfahrt, während Claudia und Luisa sich für das Riesenrad entscheiden. Die Familie ermutigt sich gegenseitig, auch die wilderen Fahrten.

Zwischendurch gönnen sie sich eine Pause und kaufen sich Popcorn und Eis, um sich zu stärken. Sie setzen sich auf eine Bank und beobachten die anderen Besucher, die vorbeikommen. Die Sonne scheint mittlerweile warm auf ihre Haut und sie fühlen sich glücklich und zufrieden.

Die Familie erreicht die Wildwasserbahn und kann es kaum erwarten, in das Boot zu steigen. Sie werden von einer kühlen Brise begrüßt, als sie in das Boot steigen und die Fahrt beginnt. Das Boot geht durch rasante Kurven und steile Abfahrten und jeder in der Familie wird von dem spritzenden Wasser getroffen. Peter und Jona lachen und schreien vor Begeisterung, während Claudia und Luisa sich amüsieren, wie nass sie alle geworden sind.

Als nächstes machen sie einen Spaziergang zum **Riesenrad**. Sie steigen in die Gondel und werden langsam in die Höhe gezogen. Von dort aus haben sie eine atemberaubende Aussicht auf den gesamten Park. Sie sehen die vielen bunten Fahrgeschäfte, Menschen, die lachen und schreien, und das umliegende Land. Sie unterhalten sich über ihre Lieblingsfahrten und erinnern sich an die lustigen Momente des Tages. Die Zeit scheint still zu stehen, als sie die Aussicht genießen und die besondere Stimmung teilen.

Die Familie beschließt, nach einem langen Tag voller Abenteuer und Aufregung im Freizeitpark etwas zu essen. Sie machen sich auf den Weg zu einem Restaurant im Park, das eine breite Auswahl an Gerichten bietet. Jona entscheidet sich für eine Pizza mit Schinken und Pilzen, während Luisa ein Hähnchensandwich bestellt. Peter wählt einen Burger und Claudia entscheidet sich für eine vegetarische Lasagne. Die Familie teilt auch eine Portion Pommes Frites und bestellt Getränke, um ihren Durst zu löschen. Das Essen kommt schließlich und die Familie genießt ihr Essen. Sie lachen über lustige Erlebnisse und teilen ihre Begeisterung für die verschiedenen Attraktionen im Park.

Als sie zurück zum Auto gehen, sind alle müde, aber glücklich und zufrieden. Jona und Luisa erzählen ihren Eltern von ihren Lieblingsfahrten und wie mutig sie waren. Peter und Claudia sind stolz auf ihre Kinder und freuen sich darüber, dass sie gemeinsam einen so schönen Tag im Freizeitpark verbracht haben.

Als sie losfahren fallen Jona und Luisa sofort in einen tiefen Schlaf. Die Aufregung des Tages hat sie völlig erschöpft und sie schnarchen leise vor sich hin. Peter und Claudia schmunzeln, als sie ihre schlafenden Kinder im Rückspiegel betrachten. Sie sind froh, dass die Kinder so viel Spaß hatten und dass der Ausflug trotz des anfänglich schlechten Wetters ein voller Erfolg war. Sie beschließen, dass sie auf jeden Fall wiederkommen werden und freuen sich schon darauf, weitere Abenteuer gemeinsam zu erleben.

Zusammenfassung

Familie Schmitz wacht früh auf und überlegt, ob sie ihren Ausflug in den Freizeitpark wegen des leichten Regens absagen soll. Die Kinder, Jona und Luisa, freuen sich auf die Fahrgeschäfte, während die Eltern, Claudia und Peter, wegen des Wetters besorgt sind. Sie beschließen, trotzdem zu gehen und mit einem Indoor-Fahrgeschäft zu beginnen, um den Regen zu vermeiden. Danach genießen sie die anderen Fahrgeschäfte, darunter Achterbahnen, Wasserrutschen und Karussells. Trotz des Regens hat die Familie viel Spaß und macht eine Pause, um Popcorn und Eis zu essen. Als die Sonne herauskommt, fahren sie weiter mit den Attraktionen und fühlen sich glücklich und zufrieden.

The Schmitz family wakes up early and debates whether to cancel their trip to the amusement park because of the light rain outside. The kids, Jona and Luisa, are excited to go and experience the rides, while the parents, Claudia and Peter, are concerned about the weather. They decide to go anyway and start with an indoor ride to avoid the rain. Afterward, they enjoy the other rides, including roller coasters, water slides, and carousels. Despite the rain, the family has a great time and takes a break to eat popcorn and ice cream. As the sun comes out, they continue to ride the attractions and feel happy and satisfied.

Vokabeln

Fahrgeschäfte: ride
Freizeitpark: theme park
Achterbahnen: roller coaster
Eintrittskarten: entry tickets
Lautsprecher: speaker
Sicherheitsbügel: security belt
Tunnel: tunnel
Schwindelerregend: dizzying
Geschwindigkeit: speed
Wasserrutschen: water slide
Riesenrad: ferris wheel

Fragen

1.   **Warum schauen die Eltern am Morgen aus dem?**
a.   Sie schauen auf den Garten und entscheiden, ihn zu bewässern.
b.   Sie schauen auf den Himmel und überlegen, ob sie den Ausflug verschieben sollen.
c.   Sie schauen auf das Nachbarhaus und diskutieren, ob sie die Nachbarn besuchen sollen.
d.   Sie schauen auf das Auto und überlegen, welchen Weg sie zum Freizeitpark nehmen sollen.
e.   Sie schauen auf den Hund und entscheiden, ihn zu Hause zu lassen.

2.   **Was schlägt Peter vor, um dem Regen zu entkommen?**
a.   Das Restaurant zu besuchen
b.   Ein Outdoor-Fahrgeschäft zu besuchen
c.   Eine Show zu besuchen
d.   Ein Indoor-Fahrgeschäft zu besuchen

e.   Den Park zu verlassen

3.   Was ist die Lieblingsattraktion von Peter und Jona?
a.   Das Riesenrad
b.   Die Wasserrutsche
c.   Die Achterbahn
d.   Das Karussell
e.   Das Spiegelkabinett

4.   Was essen sie während ihrer Pause im Freizeitpark?
a.   Hot Dogs und Limonade
b.   Pommes und Cola
c.   Popcorn und Eis
d.   Burger und Milchshake
e.   Kuchen und Tee

5.   Was ist das Wetter zu Beginn des Tages?
a.   Sonnig
b.   Bewölkt
c.   Regnerisch
d.   Windig
e.   Stürmisch

Der Sportverein

Der **Sportverein** in Sonnenberg ist ein wichtiger **Treffpunkt** für alle Sportbegeisterten in der Stadt. Der Verein hat eine lange Tradition und wurde vor vielen Jahren von einer Gruppe engagierter Sportler gegründet, die ihre Leidenschaft für Sport teilen und anderen Menschen die Möglichkeit geben wollten, sich sportlich zu betätigen.

Der Verein hat im Laufe der Jahre eine breite Palette an **Sportarten** ins Angebot aufgenommen, um möglichst vielen Menschen die Chance zu geben, ihre Lieblingssportart auszuüben oder auch neue Sportarten auszuprobieren. Die Fußballmannschaft ist besonders beliebt und hat viele Fans in der Stadt. Die Spieler trainieren hart und nehmen regelmäßig an **Wettkämpfen** teil.

Aber auch die anderen Sportarten im Verein haben eine treue Anhängerschaft. Die Volleyballmannschaft tritt regelmäßig zu Ligaspielen an und hat in den letzten Jahren viele Erfolge feiern können. Die Handballmannschaft ist besonders bei Jugendlichen beliebt und bietet eine tolle Möglichkeit, den Teamgeist zu stärken und sich sportlich zu betätigen. Auch die Schwimmgruppe und die Leichtathletikgruppe sind bei vielen Mitgliedern sehr beliebt. Die Schwimmgruppe trainiert im städtischen Hallenbad und nimmt an Wettkämpfen teil, während die Leichtathletikgruppe an lokalen

Laufwettbewerben und Wettkämpfen in anderen Disziplinen teilnimmt. Neben diesen klassischen Sportarten hat der Verein auch eine **Kampfsportgrupp**e im Angebot. Hier können Mitglieder verschiedene Kampfsportarten erlernen und sich körperlich und geistig herausfordern.

Der Sportverein in Sonnenberg ist aber nicht nur ein Ort, um Sport zu treiben. Hier treffen sich Menschen unterschiedlichen Alters und Hintergrunds, um gemeinsam ihre Leidenschaft zu teilen und Freundschaften zu schließen. Der Verein ist ein wichtiger Teil der Gemeinschaft in der Stadt und bietet vielen Menschen eine sinnvolle Freizeitbeschäftigung.

In regelmäßigen Abständen veranstaltet der Verein auch verschiedene Events und Aktivitäten, um die Gemeinschaft zu stärken und den Zusammenhalt zu fördern. Dazu gehören zum Beispiel gemeinsame Ausflüge, Grillabende und Sommerfeste.

Besonders beliebt sind die jährlichen Sportfeste, die vom Verein organisiert werden. Diese finden immer im Sommer statt und bieten ein vielfältiges Programm. Es gibt Wettkämpfe in allen Sportarten, Spiele für Kinder und Erwachsene, ein leckeres Grillbuffet und Musik für die ganze Familie.

Dieses Jahr ist das Sportfest besonders wichtig, da es das 25-jährige Jubiläum des Vereins ist. Die Mitglieder haben hart gearbeitet, um das Fest zu organisieren und es zu einem unvergesslichen Erlebnis zu machen.

Der Tag des Sportfests beginnt früh. Die Mitglieder des Sportvereins treffen sich schon in den frühen Morgenstunden, um alles für den großen Tag vorzubereiten. Die Fußballmannschaft ist besonders aufgeregt, denn sie hat einen wichtigen Wettkampf gegen eine rivalisierende Mannschaft aus der **Nachbarstadt**. Sie wärmen sich auf dem Spielfeld auf und besprechen ihre Taktik. Die Schwimmgruppe hat das Schwimmbecken für sich alleine und zieht ihre Bahnen. Sie wollen heute zeigen, was sie drauf haben. Die Handballmannschaft übt fleißig ihre Würfe, während die Volleyballmannschaft an ihren Schmetterbällen feilt.

Die Vorbereitungen laufen auf Hochtouren und jeder ist dabei, seinen Teil beizutragen. Es gibt noch so viel zu tun: Stände aufbauen, Essen und Getränke vorbereiten, Dekoration anbringen. Aber trotz des hektischen Treibens herrscht eine positive und aufgeregte Stimmung unter allen Mitgliedern.

Als die Gäste schließlich eintreffen, herrscht eine ausgelassene Stimmung. Die Kinder rennen zuerst zur **Hüpfburg**, während die Erwachsenen sich an den Biertischen niederlassen und den Grill anheizen. Die Wettkämpfe beginnen und alle versammeln sich um die verschiedenen Spielfelder, um ihre Mannschaften anzufeuern.

Die Fußballmannschaft ist hochmotiviert und betritt das **Spielfeld** unter großem **Jubel** ihrer Fans. Doch die gegnerische Mannschaft startet stark und erzielt schnell das erste Tor. Die Sonnenberger lassen sich jedoch nicht entmutigen und kämpfen hart. Sie setzen eine tolle Kombination um und erzielen schließlich den Ausgleich. Das Spiel bleibt bis zum Ende spannend, doch am Ende gewinnen die Heimmannschaft mit einem knappen 2:1.

Die Schwimmer zeigen im Pool ihr Können und es gibt verschiedene Wettbewerbe wie Kraulschwimmen, Rückenschwimmen und Brustschwimmen. Die Zuschauer sind begeistert und feuern ihre Favoriten an, während die Schwimmer um jede Sekunde kämpfen.

Die Leichtathletikgruppe tritt in verschiedenen Disziplinen gegeneinander an. Die Athleten pushen sich gegenseitig zu **Höchstleistungen** und beeindrucken das Publikum mit ihren Fähigkeiten. Im Sprint, Weitsprung und Speerwerfen zeigen die Teilnehmer ihre Stärken und kämpfen um die besten Plätze.

Auch die Volleyballmannschaft tritt in einem harten Spiel gegen eine andere Mannschaft an. Jedes Team hat seine Stärken, aber am Ende gewinnt die Sonnenberger Mannschaft mit einem knappen Vorsprung. Die Spieler zeigen ihr Können im Blocken und Angriff und begeistern die Zuschauer mit spektakulären Aktionen.

Die Kampfsportgruppe des Sportvereins Sonnenberg ist ein wahrer Hingucker auf dem Sportfest. Mit ihrer jahrelangen Erfahrung und ihrem intensiven Training zeigen die Kämpfer beeindruckende Vorführungen und Kampftechniken. Die Zuschauer sind fasziniert von der kraftvollen Präzision, die die Kämpfer demonstrieren. Jeder einzelne Schlag und Tritt ist perfektioniert und zeigt die Disziplin und Ausdauer, die in dieser Sportart nötig sind.

Die lokale Tanzgruppe des Sportvereins Sonnenberg ist seit vielen Jahren fester Bestandteil des jährlichen Sportfests. Sie haben in den letzten Monaten intensiv für ihren Auftritt geprobt und sind nun bereit, ihr Können zu zeigen. Die Tänzerinnen und Tänzer haben ein spezielles

Programm für das Jubiläum des Vereins zusammengestellt und sind sehr aufgeregt, auf die Bühne zu treten.

Als die Zeit für ihren Auftritt gekommen ist, betreten die Mitglieder der Tanzgruppe die Bühne in ihren farbenfrohen Kostümen. Die Musik beginnt und die Gruppe beginnt mit ihrem Tanz. Die Zuschauer sind begeistert von den eleganten Bewegungen und der Synchronität der Tänzerinnen und Tänzer. Das Programm ist vielfältig und beinhaltet verschiedene Tanzstile wie Hip-Hop, Jazz und Bauchtanz. Die Choreografien sind aufwendig und zeigen das hohe Niveau der Tanzgruppe. Die Zuschauer klatschen begeistert mit und einige stehen sogar auf, um mitzutanzen. Am Ende des Auftritts gibt es tosenden Applaus und die Tänzerinnen und Tänzer verbeugen sich vor dem Publikum.

Am Abend gibt es dann eine große Feier zum Jubiläum. Alle Mitglieder kommen zusammen, um auf die letzten 25 Jahre anzustoßen und die nächsten 25 Jahre zu planen. Es wird viel gelacht, getanzt und Erinnerungen ausgetauscht. Der Sportverein in Sonnenberg ist nicht nur ein Ort, um Sport zu treiben, sondern auch ein Ort, um Freundschaften zu schließen und gemeinsam zu wachsen. Jeder, der sich dem Verein anschließt, wird Teil einer großen Familie, die zusammenhält und füreinander da ist.

Zusammenfassung

Der Sportverein in Sonnenberg ist ein wichtiger Treffpunkt für Sportbegeisterte in der Stadt. Er hat eine lange Tradition und bietet seinen Mitgliedern ein breites Spektrum an Sportarten wie Fußball, Volleyball, Handball, Schwimmen, Leichtathletik und Kampfsport. Der Verein ist auch ein soziales Zentrum, in dem Menschen jeden Alters und jeder Herkunft zusammenkommen und Freundschaften schließen können. Zusätzlich zu den regelmäßigen Trainingseinheiten und Wettkämpfen organisiert der Verein Veranstaltungen und Aktivitäten, darunter ein jährliches Sportfest, das viele Menschen anzieht. Das diesjährige Fest ist besonders wichtig, da es das 25-jährige Bestehen des Vereins markiert, und die Mitglieder freuen sich darauf, es zu einem unvergesslichen Erlebnis zu machen.

The Sport Club in Sonnenberg is an important meeting place for sports enthusiasts in the city, with a long tradition of offering a wide range of sports to its members, including football, volleyball, handball, swimming, athletics and martial arts. The club is also a social hub where people of all ages and backgrounds can come together and make friends. In addition to regular training sessions and competitions, the club organizes events and activities, including an annual sports festival, which attracts many people. This year's festival is particularly important, as it marks the club's 25th anniversary, and the members are excited to make it a memorable experience.

Vokabeln

Sportverein: sports club
Treffpunkt: meeting point
Sportarten: sports (type)
Wettkämpfe: competitions
Kampfsport: martial arts
Nachbarstadt: neighbour town
Hüpfburg: bouncing castle
Spielfeld: playing field
Jubel: cheer
Höchstleistungen: peak performance

Fragen

1.   Was ist der Sportverein in Sonnenberg?
a.   Ein Schwimmverein
b.   Ein Handballverein
c.   Ein Fußballverein
d.   Ein Volleyballverein
e.   Ein Mehrsportverein

2.   Was bietet der Verein an?
a.   Nur klassische Sportarten
b.   Nur Kampfsportarten
c.   Eine breite Palette an Sportarten
d.   Nur Teamsportarten
e.   Nur Individualsportarten

3.   Was bietet der Verein außer Sport noch an?
a.   Grillfeste
b.   Karaoke-Abende

c.   Filmvorführungen

d.   Tanzkurse

e.   Sprachkurse

4.   Was feiert der Sportverein in Sonnenberg in diesem Jahr?

a.   Das 25-jährige Bestehen

b.   Das 10-jährige Bestehen

c.   Das 50-jährige Bestehen

d.   Das 75-jährige Bestehen

e.   Das 100-jährige Bestehen

5.   Welche Sportart wird beim Sportfest des Vereins nicht angeboten?

a.   Fußball

b.   Volleyball

c.   Schwimmen

d.   Handball

e.   Tennis

Ein Grillabend mit Freunden

Es ist ein warmer Sommerabend und Lena plant einen **Grillabend** für ihre Freunde zu veranstalten. Lena ist mittlerweile Mitte 30 und hat ihre Freunde von **Schulzeiten**, vom **Studium** und vom Sportverein eingeladen und alle haben zugesagt. Lena kann es kaum erwarten, ihre Freunde wiederzusehen. Es fühlt sich an, als wäre es Jahre her, seit sie alle das letzte Mal zusammengekommen sind, obwohl es tatsächlich nur wenige Monate her ist. Sie erinnert sich gerne an die gemeinsamen Erlebnisse, die sie in der Schule, im Studium und im Sportverein geteilt haben, und ist gespannt darauf, zu hören, was jeder Einzelne in der **Zwischenzeit** erlebt hat. Den Tag über bereitet Lena alles vor. Sie geht einkaufen und kauft Fleisch, bereitet Salate zu und schmückt den Garten. Sie organisiert auch Spiele für nach dem Essen und Musik.

Als die Gäste eintreffen, steht Lena schon am Eingang und begrüßt jeden einzelnen mit einem herzlichen Lächeln und einer Umarmung. Sie kennt alle ihre Freunde schon seit Jahren, einige von ihnen sind sogar ihre besten Freunde, und obwohl sie sich so lange nicht gesehen haben ist die Atmosphäre vertraut. Die meisten haben sie in der Schule kennengelernt, als sie alle noch Teenager waren. Seitdem haben sie sich immer wieder getroffen und sind zu einer **eingeschworenen** Gruppe von Freunden geworden.

Lena führt ihre Freunde in den Garten, wo der Grill bereits heiß ist und das Fleisch darauf brutzelt. Sie hat das Fleisch auf einem Tisch bereitgestellt und jeder bringt etwas mit. Anna hat einen frischen Tomaten-Mozzarella-Salat gemacht, Tom hat eine köstliche Guacamole vorbereitet, und Jan hat Brot und Dips mitgebracht. Es gibt eine reichhaltige Auswahl an Salaten und Beilagen, passend zum Grillfleisch und es ist für jeden **Geschmack** etwas dabei.

Lena hat auch für eine gute Auswahl an Getränken gesorgt. Es gibt Bier, Wein, alkoholfreie Getränke und sogar Cocktails, die von ihrer Freundin Lisa zubereitet werden. Die Freunde sind beeindruckt von der Vielfalt an Speisen und Getränken und können es kaum erwarten, sich daran zu bedienen.

"Das sieht alles so lecker aus, Lena", sagt Tom und fängt an, sich eine Portion Fleisch auf seinen Teller zu legen. "Danke, Tom", antwortet Lena. "Ich wollte sicherstellen, dass für jeden etwas dabei ist." Die Freunde setzen sich an den Tisch und beginnen, sich zu bedienen. Es ist ein schöner Anblick, wie sie alle zusammenkommen und genießen, was jeder von ihnen mitgebracht hat. "Wie schmeckt es euch?", fragt Lena. "Sehr gut, Lena. Danke für die Einladung", antwortet Anna. "Ja, es ist wirklich lecker", fügt Jan hinzu.

Nachdem die Freunde das köstliche Essen genossen haben, schlägt Lena vor, dass sie ein paar Spiele spielen sollten. Sie hat Sackhüpfen, Frisbee und Boccia vorbereitet und präsentiert ihre Idee mit einem breiten Grinsen auf ihrem Gesicht. Die Freunde sind begeistert und fangen sofort an zu spielen. Sie freuen sich durch die spiele noch einmal Kind sein zu dürfen und sich jung zu fühlen.

Die ersten Runden von Sackhüpfen sind ein großer Erfolg und alle lachen und haben Spaß. Die Freunde feuern sich gegenseitig an und versuchen, so schnell wie möglich ins Ziel zu kommen. Diejenigen, die **stolpern** und fallen, stehen schnell wieder auf und lachen über sich selbst.

Als nächstes spielen sie Frisbee und werfen die Frisbee hin und her. Manche fangen ihn problemlos, während andere ihn verfehlen und herumlaufen, um ihn wiederzufinden. Doch es ist alles Teil des Spaßes und alle haben eine großartige Zeit.

Schließlich spielen sie Boccia und werfen die Kugeln auf das Ziel. Es wird immer wettbewerbsfähiger und die Freunde fangen an, sich gegenseitig zu necken und zu provozieren. Die Nachbarn, die das fröhliche Treiben von ihren Balkonen aus beobachten, sind von dem Spiel und der guten Stimmung angetan und können sich ein Lachen nicht verkneifen.

Nach den Spielen setzen sich die Freunde wieder auf die Stühle und unterhalten sich. Die Sonne geht langsam unter, und es wird dunkler. Lena macht eine Feuerschale an, und alle setzen sich um das Feuer. "Ich liebe diese Atmosphäre", sagt Anna. "Es ist so entspannt und friedlich hier."

Die Freunde lehnen sich in ihren Stühlen zurück und genießen das Knistern des Feuers und das sanfte Zwitschern der Vögel in den Bäumen. Lena reicht herum Marshmallows und Schokolade, und bald werden die Freunde kreativ und beginnen, sich ihre eigenen S'mores zu machen. Sie teilen Geschichten und Erinnerungen aus ihrer gemeinsamen Vergangenheit und lachen über ihre lustigen Erlebnisse.

Jan erzählt von einer Reise nach Asien, die er vor ein paar Jahren gemacht hat, und zeigt Fotos von Tempeln und exotischen Gerichten, die er ausprobiert hat. Anna erzählt von einem Campingausflug, den sie mit ihrem Mann gemacht hat, und zeigt Fotos von ihren Zelten und Lagerfeuern. Tom erzählt von seinem neuen Job in einer angesagten Werbeagentur und zeigt einige der Werbekampagnen, an denen er gearbeitet hat. Lena erzählt von ihrer Leidenschaft für das Gärtnern und wie sie sich in den letzten Monaten bemüht hat, ihren Garten zu verschönern. Sie zeigt ihren Freunden stolz die Blumen und Pflanzen, die sie gepflanzt hat, und erzählt von den Schwierigkeiten, die sie hatte, als sie versuchte, einen Teich anzulegen.

Während die Sonne langsam untergeht, sitzen die Freunde immer noch im Garten und genießen die warme **Sommerluft**. Lena bringt eine Gitarre heraus und sie beginnen, bekannte Lieder zu singen und zu spielen. Die Stimmung wird ruhiger, aber immer noch fröhlich, und sie lassen den Abend gemütlich ausklingen.

Die Freunde singen und spielen Lieder aus ihrer gemeinsamen Jugendzeit, von Rock- und Pop-Klassikern bis hin zu Balladen und Folk-Songs. Tom kann besonders gut singen und übernimmt oft den Lead-Gesang, während Anna und Jan in den Refrains einsteigen und alle zusammen im Chor singen. Als Lena die Akkorde von "Wonderwall" von Oasis anschlägt, fangen alle sofort an zu singen und zu schaukeln. Die Nachbarn kommen heraus, um zuzuhören und zu applaudieren, und bald haben sie eine kleine Fangemeinde auf der Straße vor dem Haus

Als es schließlich dunkel wird und die Sterne am Himmel funkeln, beschließen sie, dass es Zeit ist zu gehen. Sie umarmen sich und bedanken sich gegenseitig für den wundervollen Abend. Lena ist glücklich darüber, dass sie diesen Grillabend veranstaltet hat und dass ihre Freunde so viel Spaß hatten.

Zusammenfassung

Lena plant ein Grillfest für ihre Freunde in ihrem Garten. Ihre Freunde kommen aus der Schule, der Uni und dem Sportverein, und Lena hat sich auf ihre Ankunft vorbereitet, indem sie Lebensmittel einkaufte, Salate zubereitete, den Garten dekorierte und Spiele und Musik organisierte. Als ihre Gäste eintreffen, begrüßt sie sie herzlich und führt sie in den Garten, wo der Grill bereits heiß ist und das Fleisch brutzelt. Ihre Freunde haben eine Vielzahl von Salaten, Dips und Getränken mitgebracht. Nachdem sie das Essen genossen haben, spielen sie Spiele, darunter Sackhüpfen, Frisbee und Boccia. Anschließend sitzen sie an der Feuerstelle und genießen die friedliche Atmosphäre, während sie Marshmallows und Schokolade naschen.

Her friends are from school, college, and the sports club, and Lena has been preparing for their arrival by shopping for food, preparing salads, decorating the garden, and organizing games and music. When her guests arrive, she greets them warmly and leads them to the garden, where the grill is already hot and the meat is sizzling. Her friends have brought a variety of salads, dips, and drinks. After enjoying the food, they play games, including sack racing, Frisbee, and bocce. They then sit by the fire pit, enjoying the peaceful atmosphere while snacking on marshmallows and chocolate.

Vokabeln

Grillabend: BBQ
Schulzeiten: schooldays
Studium: studies
Zwischenzeit: in the meantime

Eingeschworen: sworn friend

Geschmack: taste

Stolpern: to trip

Sommerluft: summer air

Fragen

1. **Was plant Lena für ihre Freunde?**
a. Einen Grillabend
b. Eine Wanderung in den Bergen
c. Eine Strandparty
d. Eine Cocktailparty
e. Einen DVD-Abend

2. **Wie lange kennt Lena ihre Freunde schon?**
a. Ein paar Monate
b. Ein paar Jahre
c. Seit Schulzeiten
d. Seit dem Auslandsjahr
e. Seit dem Kindergarten

3. **Was hat Lena vorbereitet?**
a. Einen Nachtisch
b. Eine Auswahl an Spielen
c. Eine Rede
d. Eine Tanzvorführung
e. Eine Filmvorführung

4. **Welche Speisen und Getränke sind vorhanden?**
a. Wein und Trauben
b. Kaffee und Kuchen
c. Bier und Cocktails
d. Tee und Gebäck
e. Wasser und Limonade

5. **Was machen die Freunde nach den Spielen?**

a. Sie unterhalten sich

b. Sie schauen fern

c. Sie gehen nach Hause

d. Sie schlafen

e. Sie lesen Bücher

Ein Urlaub mit Flugreise

Felix und Martina sind seit fast einem Jahr ein **Paar** und haben sich immer schon darauf gefreut, gemeinsam zu reisen. Endlich ist es so weit und sie haben sich für ihren ersten gemeinsamen Urlaub mit **Flugreise** entschieden. Sie diskutieren viele **Reiseziele**, aber am Ende fällt die Wahl auf Spanien. Martina schwärmt schon seit langem von der Schönheit der spanischen **Küste** und Felix interessiert sich für die lokale Kultur und das Essen. Beide sind aufgeregt und voller Vorfreude auf das, was sie erwartet. Sie informieren sich über die **Sehenswürdigkeiten** und sind gespannt, welche Erfahrungen und Abenteuer auf sie warten werden. Die Vorstellung, gemeinsam in einem fremden Land zu sein, lässt ihr Herz höher schlagen und sie können es kaum erwarten, ihre Koffer zu packen und ihre Reise zu beginnen.

Felix und Martina machen sich aufgeregt ans Kofferpacken. Da sie in den Sommermonaten reisen, entscheiden sie sich für leichte **Kleidung,** die sie angenehm durch den heißen Tag begleiten wird. Martina packt ihre schönsten **Somm**erkleider und eine Auswahl an **Badeanzügen** ein, während Felix sich für ein paar lockere Hemden und kurze Hosen entscheidet. Beide legen großen Wert auf Sonnenschutz und packen ausreichend Sonnencreme ein, um ihre Haut vor den starken Strahlen zu schützen. Natürlich darf auch ihre Kamera nicht fehlen, damit sie alle ihre unvergesslichen Momente festhalten können.

Die Reise mit dem Flugzeug ist für Felix und Martina eine aufregende Erfahrung. Den ganzen Flug über schauen die beiden aus dem Fenster und bestaunen die Wolken, während sie über Berge, Seen, Flüsse und den Ozean fliegen. Nach einigen Stunden erreichen sie endlich ihr Ziel Spanien und werden von der Wärme und dem Licht des Sonnenuntergangs begrüßt.

In Spanien angekommen, nehmen sie ein Taxi und fahren zu ihrem Hotel. Das Hotelzimmer ist geräumig und bietet einen atemberaubenden Blick auf das Meer. Nach einer reibungslosen Ankunft in Spanien machen sich Felix und Martina auf den Weg, um die Stadt zu erkunden. Sie checken in ihrem Hotel ein und verbringen ihre ersten Stunden damit, sich in ihrem Zimmer einzurichten und sich von der Reise zu erholen. Am nächsten Morgen, nach einem leckeren Frühstück auf der Hotelterrasse, machen sie sich auf den Weg, um die Stadt zu erkunden. Die Straßen sind voller Leben und sie genießen es, die Kultur und die Architektur des Landes zu erleben. Überall gibt es Cafés, Bars und Restaurants, die **verlockend** sind und zum **Verweilen** einladen. Sie probieren einige der lokalen Spezialitäten und sind begeistert von den Aromen und Geschmacksrichtungen.

An einem der folgenden Tage entscheiden sie sich für eine Bootstour entlang der Küste. Das Meer ist kristallklar und sie können die Fische und das bunte Riffgestein unter Wasser sehen. Die Aussicht auf die Küste ist atemberaubend und sie genießen die Sonne auf ihrer Haut, während sie mit dem Boot schaukeln. Anschließend besuchen sie einige der **malerischen** Dörfer in der Umgebung und sind von der Schönheit und dem Charme des Landes begeistert. Felix und Martina lassen sich Zeit, um die Stadt zu erkunden und schlendern durch die engen

Gassen. Überall um sie herum gibt es kleine Geschäfte und Cafés, die ihre Aufmerksamkeit auf sich ziehen. Die Auslagen sind gefüllt mit lokalen Handwerkskunstwerken, wie handgemachten Keramikwaren und Lederprodukten. Die Aromen der Spezialitäten wie frisch gebackenem Brot, Käse und Olivenöl, steigen in ihre Nasen und machen ihnen Appetit. Felix und Martina können nicht widerstehen, und kaufen einige Souvenirs und lokale Produkte, die sie mit nach Hause nehmen können.

Sie haben auch eine Menge Spaß beim Probieren der lokalen Küche und versuchen sich an neuen Gerichten wie Tapas und Paella. Sie treffen viele freundliche Menschen und sind begeistert von der herzlichen **Gastfreundschaft**, die ihnen entgegengebracht wird.

Felix und Martina sind begeistert vom Wetter in Spanien. Die Sonne scheint jeden Tag und der Himmel ist klar und blau. Sie können es kaum erwarten, an den Strand zu gehen und im Meer zu schwimmen. Sie packen ihre Badeanzüge, Sonnencreme und Handtücher und machen sich auf den Weg zum Strand. Die Wellen sind sanft und das Wasser ist warm und einladend. Sie genießen es, im Meer zu schwimmen und sich von den Wellen treiben zu lassen. Felix und Martina machen auch lange Spaziergänge am Strand und sammeln Muscheln und andere Souvenirs als Erinnerung an ihre Reise.

Als sie einen Tag am Strand verbringen, beschließen sie, dass es Zeit ist, sich zu entspannen und einen romantischen Abend zu verbringen. Sie haben von einem Restaurant am Strand gehört, das für sein gutes Essen und seine spektakuläre Aussicht auf das Meer bekannt ist. Sie machen eine Reservierung für den Abend und freuen sich darauf, den Sonnenuntergang zu genießen. Als sie am Abend am Strand ankommen, ist der Himmel in ein warmes Orange getaucht und die Sonne geht langsam unter. Felix und Martina haben einen Tisch direkt am Strand und hören das Rauschen des Meeres, während sie ihre Mahlzeit genießen. Das Essen ist köstlich und sie teilen sich ein Dessert, während sie den Sonnenuntergang beobachten.

Felix und Martina beschließen, Freunde und Familie eine **Postkarte** von ihrem Abenteuer in Spanien zu schicken, um ihnen von ihren aufregenden Erfahrungen zu erzählen. Sie finden eine wunderschöne Postkarte mit einem Bild von der malerischen Küste. Die Karte zeigt das türkisfarbene Meer, den goldenen Sandstrand und die weißen Villen, die sich entlang der Küste erstrecken. Martina nimmt sich Zeit und schreibt jeder Person eine persönliche Nachricht, in der sie über ihre Eindrücke und Erfahrungen berichtet. Sie erzählt von den köstlichen Tapas, die sie probiert haben, von den malerischen Dörfern, die sie besucht haben und von den romantischen Abendessen am Strand. Felix ergänzt die Nachrichten um Details über ihre Bootstouren, die atemberaubende Aussicht von den Klippen und die freundlichen Einheimischen, die sie getroffen haben. Beide sind glücklich, ihre Erlebnisse mit ihren Lieben zu teilen und können es kaum erwarten, ihre Karten zu verschicken.

Nach einer Woche endet ihr Urlaub und Felix und Martina müssen sich von diesem wunderbaren Ort verabschieden. Sie sind traurig, aber auch dankbar für die unvergesslichen Erinnerungen, die sie gemeinsam gemacht haben. Sie schwören, dass sie irgendwann wiederkommen werden, um noch mehr von der Schönheit Spaniens zu entdecken.

Zusammenfassung

Felix und Martina sind seit fast einem Jahr ein Paar und haben sich darauf gefreut, gemeinsam zu verreisen. Sie wählen Spanien als ihr erstes Flugreiseziel, da Martina schon immer von der Schönheit der spanischen Küste fasziniert war, während Felix sich für die lokale Kultur und Küche interessiert. Sie packen ihre Koffer mit Sommerkleidung, Sonnencreme und einer Kamera. Nach ihrer Ankunft in Spanien erkunden sie die Stadt und genießen das lokale Essen, die Kultur und die Architektur. Sie machen eine Bootstour entlang der Küste, besuchen malerische Dörfer und verbringen Zeit am Strand, schwimmen im Meer und sammeln Souvenirs. Sie haben viel Spaß dabei, neue Speisen zu probieren und freundliche Menschen zu treffen. Sie haben eine unvergessliche Reise hinter sich und beschließen, in Zukunft wiederzukommen.

Felix and Martina have been a couple for almost a year and have been looking forward to traveling together. They choose Spain as their first travel destination by air, as Martina has always been fascinated by the beauty of the Spanish coast, while Felix is interested in the local culture and cuisine. They pack their bags with summer clothes, sunscreen, and a camera. Upon arriving in Spain, they explore the city and enjoy the local food, culture, and architecture. They take a boat tour along the coast, visit picturesque villages, and spend time at the beach, swimming in the sea and collecting souvenirs. They have a great time trying new foods and meeting friendly people. They have a memorable trip and decide to return in the future.

Vokabeln

Paar: couple

Flugreise: air travel

Reiseziele: destination

Küste: coast

Sehenswürdigkeiten: sights

Kleidung: clothing

Sommerkleider: summer dress

Badeanzügen: bathing suit

Verlockend: tempting

Verweilen: pause

Malerischen: picturesque

Gasse: alley

Gastfreundschaft: hospitality

Postkarte: postcard

Fragen

1.   Was ist Felix und Martinas Verhältnis?

a.   Freunde

b.   Arbeitskollegen

c.   Geschwister

d.   Ein Paar

e.   Fremde

2.   Warum haben sie sich für Spanien als Reiseziel entschieden?

a.   Felix interessiert sich für die spanische Küste

b.   Felix interessiert sich für die lokale Kultur und das Essen

c.   Beide waren noch nie in Spanien

d.   Sie haben eine günstige Flugverbindung gefunden

e.   Sie haben eine Empfehlung von Freunden erhalten

3.   Was haben Felix und Martina bei der Ankunft in Spanien gemacht?

a.   Einen Ausflug in die Stadt gemacht

b.   Das Hotelzimmer bezogen

c.   Das Flugzeug bestaunt

d.   Ein Taxi genommen

e.   Den Sonnenuntergang am Strand genossen

4.   Was haben Felix und Martina in Spanien unternommen?

a.   Einen Museumsbesuch

b.   Eine Bootstour entlang der Küste

c.   Eine Wanderung durch die Berge

d.   Einen Ausflug zu einem Nationalpark

e.   Eine Fahrradtour durch die Stadt

5.   Was tun Felix und Martina am Strand?

a.   Sie sammeln Muscheln und andere Souvenirs

b.   Sie bleiben nicht lange am Strand

c.   Sie können nicht schwimmen, weil das Wasser zu kalt ist

d.   Sie verbringen den ganzen Tag im Hotelzimmer

e.   Sie bringen keine Badeanzüge und Sonnencreme mit

Ein Wellnesswochenende

Sophie und ihre Mutter Sonja haben sich schon lange nicht mehr gemeinsam Zeit für sich und ihre Mutter-Tochter **Beziehung** genommen. Doch jetzt, nach einer stressigen Zeit, haben sie sich endlich dazu entschlossen, ein **Wellnesswochenende** in den Bergen zu verbringen. Beide sind aufgeregt und freuten sich darauf, den Wellnessbereich und die schöne Natur zu genießen.

Voller Vorfreude packen sie ihre Koffer und stellen sicher, dass sie alles Nötige eingepackt haben. Badesachen, Wanderschuhe, gemütliche Kleidung und natürlich ihre liebsten Beauty-Produkte dürfen nicht fehlen. Sonja hat sogar eine Überraschung für Sophie dabei: eine selbstgemachte **Gesichtsmaske** aus frischen Zutaten, die sie am Abend gemeinsam auftragen würden.

Die Reise in die Berge mit dem Zug ist angenehm und die Aussicht auf die Berge beeindruckend. Als sie schließlich in ihrem Wellnesshotel ankamen, werden sie herzlich begrüßt und zu ihrem Zimmer begleitet. Es ist **geräumig** und **geschmackvoll** eingerichtet, mit einem Balkon und einer atemberaubenden Aussicht auf die Berge.

Am ersten Tag ihres Wellnesswochenendes sind Sonja und Sophie voller Tatendrang und Entdeckungsfreude. Sie starten den Tag mit einem

ausgiebigen Frühstück, bevor sie sich auf den Weg machen, um das Hotel und seine Einrichtungen zu erkunden. Als sie den Spa-Bereich betreten, ist Sophie sofort begeistert von dem großen Pool, der von großen Fenstern umgeben ist und einen atemberaubenden Blick auf die Berge bietet. Sie zieht sich schnell ihren Badeanzug an und springt direkt in das Wasser. Der Anblick der schneebedeckten Gipfel und das Rauschen des Wassers um sie herum sorgen für eine entspannende Atmosphäre.

Sonja hingegen hat für den ersten Tag verschiedene **Beauty-Behandlungen** gebucht und freut sich darauf, sich richtig verwöhnen zu lassen. In einem der Behandlungsräume wird sie von einer freundlichen Therapeutin empfangen, die sie mit sanfter Musik und dem angenehmen Duft des Raumes direkt in eine entspannte Stimmung versetzt. Während der Gesichtsbehandlung genießt Sonja die beruhigende Wirkung und Düfte der verwendeten Öle und Cremes. Die Massage danach löst ihre Verspannungen und sorgte für ein tiefes Gefühl der Entspannung.

Nach den Behandlungen treffen sich Mutter und Tochter wieder im Spa-Bereich und genießen die verschiedenen **Saunen** und **Dampfbäder**. Sie entscheiden sich für die Bio-Sauna, die aufgrund ihrer niedrigen Temperatur besonders angenehm und wohltuend ist. Während sie auf den warmen Holzbänken sitzen, genießen sie den Duft von Eukalyptus und Zitrusfrüchten und fühlen, wie sich ihre Muskeln entspannten.

Am Abend begeben sich Sonja und Sophie ins Restaurant des Hotels, das für seine erstklassige Küche und seine gemütliche Atmosphäre bekannt ist. Sie lassen sich an einem schönen Tisch nieder und studieren die umfangreiche Speisekarte. Der aufmerksame Kellner empfiehlt ihnen das **Fünf-Gänge-Menü** des Hauses, das aus lokalen Zutaten und frischen Produkten zubereitet wird.

Als **Vorspeise** wählen sie eine leckere Tomatensuppe mit Kräutercroutons, gefolgt von einem frischen Salat mit Ziegenkäse und Walnüssen. Der **Hauptgang** ist ein zartes Rinderfilet mit Kartoffelpüree und Gemüse der Saison. Zum **Nachtisch** gibt es eine Auswahl an köstlichen Desserts, darunter Schokoladenmousse und Tiramisu. Dazu trinken sie einen leckeren Rotwein, der perfekt zum Essen passt und die Aromen des Essens hervorhebt. Während sie die verschiedenen Gänge genießen, genießen sie die angenehme Atmosphäre des Restaurants und den Blick auf die verschneiten Berge.

Als das Essen zu Ende ist, sind Sonja und Sophie satt und zufrieden. Sie sind begeistert von der Qualität des Essens und dem Service des Restaurants und beschließen, während ihres Aufenthalts im Hotel auch die anderen Restaurants auszuprobieren.

Am zweiten Tag ihres Wellnesswochenendes entscheiden Sonja und Sophie sich für eine Wanderung in den Bergen. Sie haben bereits gehört, dass es in der Umgebung einige schöne **Wanderwege** gibt, die sie erkunden können. Nach einem ausgiebigen Frühstück packen sie ihre Rucksäcke und machen sich auf den Weg.

Das Wetter ist perfekt für eine Wanderung. Die Sonne scheint, aber es ist nicht zu heiß, und die Luft ist frisch und klar. Sie folgen einem gut markierten Wanderweg, der sie durch den Wald und entlang eines Bergbaches führt. Der Duft von frischem Gras und wilden Blumen umgibt sie, während sie höher und höher klettern. Schließlich erreichen sie einen wunderschönen Bergsee, der von majestätischen Gipfeln umgeben ist. Sie legen eine kleine Pause ein und genießen die atemberaubende Aussicht. Das klare, türkisfarbene Wasser des Sees schimmert in der Sonne, und die Schönheit der umliegenden Landschaft ist einfach überwältigend. Auf dem Rückweg kehren sie in eine gemütliche Berghütte ein, die sie am Rande des Waldes entdecken. Sie werden herzlich begrüßt und entscheiden sich für eine leckere Brotzeit mit Käse, Wurst und frischem Brot. Sie sitzen draußen auf der Terrasse und genießen die ruhige und friedliche Atmosphäre der Berge.

Als sie schließlich zum Hotel zurückkehren, sind Sonja und Sophie erschöpft, aber glücklich.

Am Abend genossen sie dann ihre selbstgemachte Gesichtsmaske und ließen den Tag gemütlich ausklingen. Sie unterhielten sich über ihre Erlebnisse und planten bereits weitere Aktivitäten für den nächsten Tag.

Am letzten Tag ihres Wellnesswochenendes wachen Sonja und Sophie ausgeschlafen und erfrischt auf. Die beiden Frauen haben die vergangenen Tage in vollen Zügen genossen und sind nun bereit für einen entspannten letzten Tag. Nach einem ausgiebigen Frühstück im Hotelrestaurant planen sie, noch einmal die Einrichtungen des Hotels zu nutzen.

Sophie macht sich auf den Weg zum Pool und genießt ein paar Runden im kühlen Wasser. Sie spürt, wie ihre Muskeln sich entspannen und ihre Sorgen verschwinden. Das ruhige Plätschern des Wassers und die Wärme der Sonne auf ihrer Haut lassen sie vollkommen abschalten. Sonja hingegen nutzt den Spa-Bereich und lässt sich noch einmal von Kopf bis Fuß verwöhnen. Sie genießt eine Gesichtsbehandlung und eine Massage, die ihre Verspannungen lösen und sie in einen Zustand tiefer Entspannung versetzen.

Nach einem entspannten letzten Tag ihres Wellnesswochenendes sind Sonja und Sophie bereit, sich auf den Heimweg zu machen. Nach dem Mittagessen im Hotelrestaurant gehen sie zurück auf ihr Zimmer, um ihre Sachen zu packen und auszuchecken. Sie verabschieden sich von den freundlichen Angestellten und lassen das Hotel mit einem wehmütigen Gefühl hinter sich. Sie machen sich auf den Weg zum Bahnhof, wo sie den Zug zurück nach Hause nehmen werden. Während der Fahrt tauschen sie Erinnerungen an das Wochenende aus und planen bereits ihr nächstes Abenteuer.

Zusammenfassung

Sophie und ihre Mutter Sonja haben schon lange keine gemeinsame Zeit mehr gehabt. Also beschlossen sie, ein Wellness-Wochenende in den Bergen zu verbringen, um das Spa und die schöne Natur zu genießen. Sie packten ihre Taschen mit allem, was sie brauchten, darunter Schönheitsprodukte, Badesachen und Wanderschuhe. Am ersten Tag erkundeten sie die Hoteleinrichtungen und den Wellnessbereich. Sophie freute sich darauf, den Pool auszuprobieren, während Sonja sich mit verschiedenen Schönheitsbehandlungen verwöhnen ließ. Später trafen sie sich zu Saunagängen und Dampfbädern. Am Abend speisten sie im Restaurant des Hotels und genossen ein Fünf-Gänge-Menü aus lokalen und frischen Zutaten. Am nächsten Tag gingen sie wandern und genossen die frische Luft und die schöne Landschaft.

Sophie and her mother, Sonja, have not had time together for a while. So, they decided to go on a wellness weekend in the mountains to enjoy the spa and beautiful nature. They packed their bags with all the necessities, including beauty products, swimsuits, and hiking shoes. On the first day, they explored the hotel facilities and the spa area. Sophie was excited to try the pool, while Sonja indulged in various beauty treatments. They met up later to enjoy saunas and steam baths. In the evening, they dined at the hotel's restaurant, enjoying a five-course meal made from local and fresh ingredients. The next day, they went hiking and enjoyed the fresh air and beautiful scenery.

Vokabeln

Beziehung: relationship

Wellnesswochenende: spa-weekend

Gesichtsmaske: face mask

Geräumig: spacious

Geschmackvoll: tasteful

Ausgiebig: extensive

Beauty-Behandlungen: beauty treatments

Saunen: sauna

Dampfbäder: steam bath

Fünf-Gänge-Menü: five course menu

Vorspeise: starter

Hauptgang: main

Nachtisch: dessert

Wanderwege: hiking trail

Fragen

1.   Wie lange haben Sophie und ihre Mutter schon keine gemeinsame Zeit mehr verbracht?

a.   Ein paar Wochen

b.   Ein paar Monate

c.   Ein paar Jahre

d.   Eine Woche

e.   Es wird nicht erwähnt

2.   Wo verbringen Sophie und ihre Mutter ihr Wellnesswochenende?

a.   An der Küste

b.   In den Bergen

c.   In einer Stadt

d.   Auf einer Insel

e.   Es wird nicht erwähnt

3.   Was hat Sonja als Überraschung für Sophie dabei?

a.   Ein Wellness-Set

b.   Eine Flasche Champagner

c.   Eine selbstgemachte Gesichtsmaske

d.   Eine Yoga-Matte

e.   Es wird nicht erwähnt

4.   Was macht Sophie als erstes im Spa-Bereich?

a.   Sie macht eine Gesichtsbehandlung

b.   Sie springt in den Pool

c.   Sie geht in die Sauna

d.   Sie macht Yoga

e.   Es wird nicht erwähnt

5.   Was machen Sophie und ihre Mutter am zweiten Tag ihres Wellnesswochenendes?

a.   Sie entspannen im Hotelzimmer

b.   Sie machen eine Bootstour

c.   Sie unternehmen eine Wanderung

d.   Sie machen eine Stadtrundfahrt

e.   Es wird nicht erwähnt

Resources

The Natural Approach (Krashen & Terrell, 1983)

Krashen, S. D., & Terrell, T. (1983). *Natural approach* (pp. 20-20). New York: Pergamon.

<u>NOTES</u>

_____

_____

_____

_____

_____

_____

_____

_____

_____

Answers

Ein Picknick im Park

c) b) c) a) d)

Ein Tag in der Stadt

a) c) e) d) b)

Ein Tag auf den Bauernhof

e) a) d) b) a)

Ein Tag im Zoo

d) b) d) d) c)

Ein Besuch bei den Großeltern

c) b) a) d) c)

Der Arztbesuch

a) b) d) d) a)

Ein Tag auf dem Weihnachtsmarkt

e) b) d) a) d)

Die Fahrradtour

b) c) b) a) b)

Eine Wanderung in den Bergen

d) a) c) b) c)

Der Konzertbesuch

e) c) d) d) a)

Die Klimademonstration

a) c) a) b) c)

Der Kindergeburtstag

c) e) b) c) a)

Ein Strandtag in Portugal

c) a) e) b) c)

Der Neue Job

d) d) c) a) e)

Der Umzug

b) d) d) d) e)

Ein Tag im Freizeitpark

b) d) c) c) c)

Der Sportverein

e) c) a) a) e)

Ein Grillabend mit Freunden

a) c) b) c) a)

Ein Urlaub mit Flugreise

d) b) d) b) a)

Ein Wellnesswochenende

e) b) c) b) c)

About the Author

Acquire a Lot is an organization dedicated to teaching languages effectively, based on an innovative method developed by teachers of the organization, called LRPR, that has the following fundamental pillars to ensure you can acquire the language naturally:

- Listen to stories

- Read stories

- Play games to solidify what you have learned

- Repeat

Acquire a Lot's mission is to encourage language acquisition instead of the traditional method. With the LRPR method, there are no grammar lessons, there are no corrections, and everything is acquired naturally, in the same way a child develops his/her first language.

Don't forget to download your free copy of the book translated into English.

Visit our website and download it for parallel reading.

https://acquirealot.com/translated-stories/

Books in This Series

available at

amazon

Books By This Author

A special request

Your brief review could really help us, please look in your recent orders for this book and leave your comments.

Your support really does make a difference, we will read all the reviews one by one.

Thank you very much! We hope to see you again in the next volume!

Printed in Great Britain
by Amazon

28015670R00099